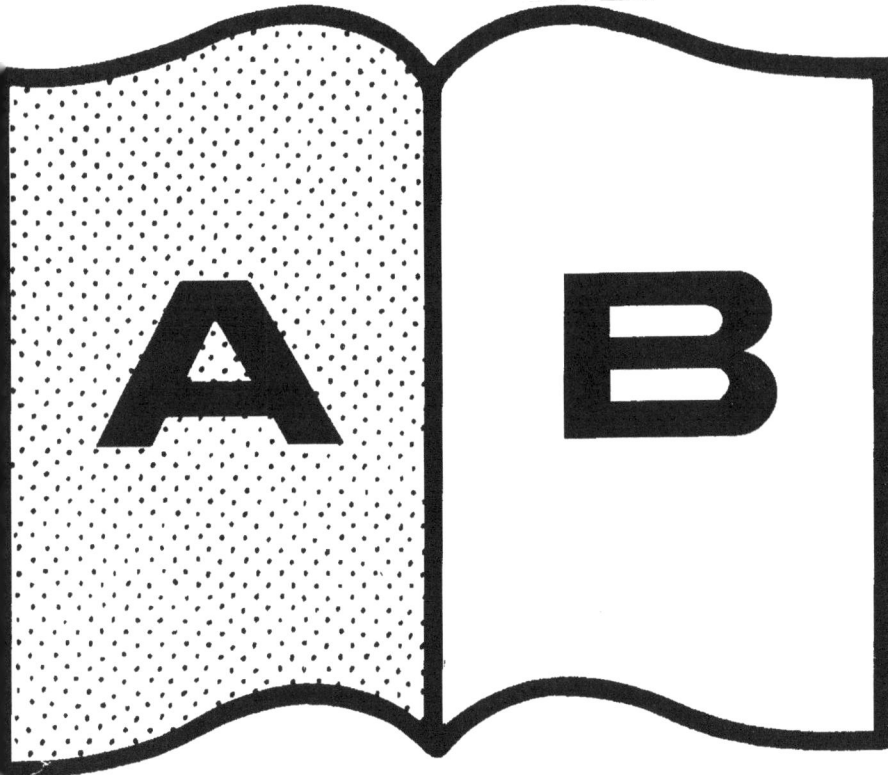

Contraste insuffisant

NF Z 43-120-14

LES
CALOMNIATEURS CONDAMNÉS

1876-1877

JUGEMENT

DU TRIBUNAL CIVIL D'AUTUN

du 4 Avril 1877

Prix de l'exemplaire : 20 centimes

PARIS

ΛAPHIE F. DEBONS ET Cᵒ

16, RUE DU CROISSANT, 16

1877

PRIX DE LA BROCHURE :

L'exemplaire. . . . . 20 cent.

Le cent. . . . . 9 fr.

Le mille. . . . . 85 fr.

AVIS

Nous aurions désiré reproduire *in extenso* les plaidoieries de Mes Demôle, Leblond, Petitier, et la réplique de Me Leblond. Mais n'ayant pu, malgré nos efforts, avoir en communication la sténographie de ces plaidoieries, nous avons dû nous borner à un résumé qui est d'ailleurs très-impartial et très-complet.

TRIBUNAL CIVIL D'AUTUN

—

PRÉSIDENCE DE M. GOIN

—

Pinard contre Montcharmont-Nectoux, Montcharmont-Duvernois, et Marconnet. — Manœuvres électorales. — Bruits calomnieux.

Audience du 27 Mars 1877

M. PINARD a la parole :

Messieurs,

En faisant ce procès, je n'obéis ni à un regret électoral, ni à une passion politique; je viens défendre ce que nul ne peut abandonner, ce que tout gouvernement régulier protége, mon honneur !

Aux élections dernières, beaucoup ont été l'objet d'odieuses imputations: les uns avaient fait des vœux pour les Prussiens, les autres leur avaient envoyé des millions, mais enfin l'accusation restait dans le vague, elle était dans les nuages, et nul auteur de ces graves accusations n'avait osé se nommer. Vis-à-vis de moi, au contraire, l'accusation a pris corps, elle est descendue sur terre, et ses auteurs se sont montrés en pleine place publique ; ils ont allégué des preuves; ils ont

parlé d'un dossier tout entier, ils ont signalé l'arrestation du 5 janvier 1871 comme l'indice et comme la preuve d'une culpabilité.

Dès lors, messieurs, le procès était inévitable, il m'était imposé à deux titres : je devais le faire dans un intérêt commun ; bien
d'autres avaient subi les mêmes attaques :
je devais le faire dans un intérêt personnel,
j'avais été attaqué plus que personne.

Quelle est la base de mon action ? Une
double manœuvre ; une manœuvre matérielle
et une manœuvre morale.

Si les électeurs ont été circonvenus, entou-
rés, fouillés ; si l'on a substitué des bulletins à d'autres, si on les a accompagnés à la
salle du scrutin, afin de confisquer leur liberté, il y a eu manœuvre matérielle. Si on
a répandu ces bruits infâmes de la trahison,
si on a dit que le candidat avait tendu la
main aux Prussiens, qu'il les avait fait venir,
qu'il avait « tenu pour eux », il y a eu manœuvre morale.

Or, ces deux manœuvres indivisibles pour-
suivant le même but, ces deux manœuvres
s'étayant l'une et l'autre, car tout est permis
vis-à-vis d'un traître ; ces deux manœuvres
sont établies déjà par le jugement correctionnel rendu le 12 mai 1876.

Je m'empare de ce jugement et je vous
dis : S'il a donné satisfaction à l'action publique, s'il a constaté la violation de la loi,
l'atteinte à la liberté du suffrage, ne devez-
vous pas maintenant une réparation à l'homme deux fois atteint par les manœuvres que
vous avez constatées ?

Il a été atteint par la manœuvre matérielle comme candidat ; il a été atteint par

la manœuvre morale comme homme privé, non pas seulement dans la lutte, mais dans le présent et l'avenir après la bataille finie.

Cette manœuvre matérielle, la moins importante à mes yeux, résulte de la déclaration des cinq témoins qui s'appellent : MM. de Montmorillon, Chevigny, Chifflot, femme Maréchal, Etienne Maréchal.... Leurs dépositions sont reproduites par le juge d'instruction et par le compte rendu des débats, publié par les Montcharmont eux-mêmes ; elles établissent d'une manière péremptoire la manœuvre matérielle.

Quant à la manœuvre morale, celle à laquelle j'attache le plus d'importance, elle résulte de la déposition de cinq témoins qui ne sont pas absolument les mêmes que les premiers et que je nomme de Montmorillon, Chevigny, Pauchard, la femme Maréchal, Galdini.

Ces dépositions, vous pouvez les consulter, et dans l'instruction et dans le compte rendu de mes adversaires eux-mêmes. Je ne veux pas abuser de la bienveillance du tribunal en lisant trop de pièces. Mais pour la manœuvre morale, pour celle de la calomnie, je dois citer l'essentiel.

Écoutez M. de Montmorillon, déposant à l'audience du 11 mai :

« Ces manœuvres s'étaient produites antérieurement, et elles se sont renouvelées à l'élection du 20 février.

» M. le procureur de la république. — Quelles sont les manœuvres antérieures dont vous parlez ?

» Le témoin. — Lors d'une élection au conseil général, M. Montcharmont se portait en concurrence avec M. Pougault, et alors on répandit les bruits les plus mauvais contre ce dernier et contre les conservateurs — c'était le mot qu'on employait. — On disait que voter pour M. Pinard c'était voter pour la guerre, pour le retour des Prussiens, que c'était voter pour les ennemis de la France.»

» M. le procureur. — On disait même, je crois, qu'il avait fait venir les Prussiens.

» Le témoin. — Oui, on le disait.

» M. le procureur de la république. — On ajoutait qu'il y avait presque rendez-vous pris par lui avec les Prussiens.

» Le témoin. — C'est en 1874 qu'on tenait ces propos.

» C'est en 1874 ; on parlait déjà de rendez-vous donné aux Prussiens. »

Je n'insiste pas. Voilà une déclaration qu'un commentaire ne saurait qu'affaiblir.

Deux jours se sont passés ; il n'y a plus de lutte, il ne s'agit plus de combattre le candidat, il n'y a plus d'élection, et Montcharmont père dit encore à Chevigny :

« Allez donc chercher votre Pinard, un homme qui a amené les Prussiens chez nous pour nous faire égorger ! »

C'est Montcharmont père qui tient ce propos. Je ne discute pas ; je constate les bruits qui sont en circulation après comme avant l'élection.

Ce n'est pas seulement de la diffamation, c'est de la calomnie, c'est de la fausse nouvelle, c'est l'atroce nouvelle !

Je chercherai tout à l'heure qui en est responsable ; j'établis en ce moment la réalité indiscutable des propos calomnieux. Voici ce que dit Marconnet devant Pauchard ;

je lis dans la déposition de Pauchard, en date du 26 février :

« Marconnet me dit qu'il ne fallait pas tenir pour Pinard, qu'il n'était pas solvable, qu'il avait fait de la prison et qu'un homme comme cela on ne le mettait pas en place. Il ajoutait que, si les Prussiens étaient venus au pays, il *tenait* pour les faire venir. »

Vous remarquerez l'énergie de l'expression : *tenir* pour quelqu'un, c'est être son homme lige, c'est faire, en quelque sorte, partie de ses gens; eh bien, on dit de moi que je *tiens* pour les Prussiens, que je suis l'homme lige de l'ennemi!

Remarquez aussi la gravité de ces mots : « Marconnet me dit qu'il n'était pas solvable, qu'il avait fait de la prison. »

Pour les campagnes, avoir fait de la prison, c'est la condamnation subie, c'est la peine encourue.

Je lis encore dans la déposition de Pauchard du 16 mars : « La veille des élections, Marconnet est venu m'offrir des bulletins électoraux en me disant : « Voter pour les blancs, ce serait la guerre; M. Pinard a fait venir les Prussiens; il a été en prison. On ne doit pas mettre un homme comme cela en place.» J'ai compris que M. Pinard avait été emprisonné pour avoir fait venir les Prussiens. »

Ainsi, les deux idées sont solidaires; elles n'en font qu'une : s'il a été en prison, c'est pour avoir fait venir les Prussiens.

Voici, maintenant, la déposition de la femme Maréchal. Je ne discute pas, j'affaiblirais en le faisant la valeur des dépositions.

« Femme Maréchal.—J'ai entendu raconter

par plusieurs personnes que les bruits sui-
vants couraient dans le village : que M. Pinard avait fait venir les Prussiens en 1871 ;
que si on votait pour lui, il les ramènerait ;
que M. Pinard leur avait préparé un *banquet*
en 1870 ; qu'enfin M. Pinard avait été mis en
prison. J'ai même entendu répéter ce propos le 20 février devant la mairie par Montcharmont-Duvernois. Il ajoutait même, en
montrant des papiers : « Nous avons les *preu-*
ves; nous avons *tout le dossier en mains.* » Tacquenet tenait les mêmes propos. »

Il y a des mots qu'il faut souligner : *Nous*
avons les preuves ; nous avons tout le dossier en
mains.

Quelle expression énergique ! Vous la re-
tiendrez.

Passons au cinquième témoin, Grégoire
Galdini :

« Le samedi soir j'ai entendu dire que M.
Pinard avait fait de la prison. Je crois bien
que c'est par Tacquenet qui m'a apporté
des bulletins, mais je n'en suis pas bien
sûr ».

Plus loin il ajoute :

« Je ne puis vous dire qui m'a rapporté les
bruits relatifs à l'emprisonnement de M. Pinard, j'ai été étonné de voir qu'un candidat
à la députation avait fait de la prison. »

Ainsi, lui aussi croit, non pas à une arrestation arbitraire, mais à la prison subie, à la
condamnation encourue.

Voilà les cinq dépositions. Si ces cinq dépositions sont exactes, ma démonstration
est complète, elle est absolue.

Pour l'éviter, mes contradicteurs me di-
ront: « Sans doute, l'expression est exagérée,
la forme est blâmable ; mais que voulait-on

dire en réalité? On voulait vous rendre responsable comme impérialiste d'avoir fait la
guerre, de l'avoir déclarée, et d'avoir ainsi
amené les Prussiens en France.»

Eh bien! cette réponse n'est pas sérieuse.
Si les dépositions que je viens de lire sont
l'expression de la vérité, n'est-il pas évident
qu'il y a là un tout indivisible qui s'appelle
la guerre, le désastre causés par la trahison?
Voilà la vérité telle qu'elle ressort du langage des cinq témoins entendus par le juge
d'instruction, telle qu'elle ressort du langage des cinq témoins entendus à l'audience.

Si vous divisez, si vous transformez ces
témoignages, c'est que vous voulez faire sortir l'affaire de la sphère judiciaire pour la placer sur le terrain politique.

Je ne saurais, le premier, aborder ce terrain, et cependant cette discussion, je ne la
redoute pas. Seulement, si vous la voulez,
vous la commencerez les premiers. Je l'ac-
cepterai, mais je ne veux pas la provoquer,
parce que je tiens essentiellement à ne pas
abuser de la parole que me donne aujour-
d'hui la justice de mon pays. Ainsi, c'est
bien entendu, le vrai procès est celui-ci :
M'avez-vous imputé une guerre désastreuse
par ma trahison : voilà ce que j'ai à discuter, voilà le fait que je veux établir, voilà le
fait à l'occasion duquel je veux prouver votre mauvaise foi, justifier d'un préjudice, ré-
clamer une réparation.

Si on sort du procès; si, au lieu de discuter
l'existence, la portée, les conséquences des
propos calomnieux, on veut faire un autre
procès à l'Empire, à son ministre, à l'homme
politique, oh! alors, je me relèverai dans mon
indépendance, et la vérité, je l'établirai non

pas avec des phrases, mais avec des faits. Je
ne suis pas venu à cette audience sans dossier, et je vous attends sans crainte sur ce
terrain.

J'ai là le dossier relatif à la Prusse, et il
établit que c'est elle qui a voulu la guerre à
tout prix et à la date la plus prochaine ; j'ai
là le dossier de mes adversaires, celui des
hommes politiques qui les soutiennent, et
nous verrons leur lourde responsabilité dans
la guerre et nos désastres, j'ai enfin mon
dossier à moi, mon dossier comme ministre,
mon dossier comme député, et je ne crain-
drai point de rappeler, à côté des actes et
des paroles de l'opposition, nos actes et nos
paroles.

Ce point ainsi réservé, je continue ma discussion.

Messieurs, la manœuvre est certaine ; il
nous reste à nous demander à qui elle est
imputable : c'est là le second point du débat, je l'impute à Montcharmont-Duvernois,
à Montcharmont-Nectoux et à Marconnet.

Pourquoi faut-il l'imputer aux deux Montcharmont ? Leur rôle est établi par la déposition de M. de Montmorillon ; c'est à eux que
tous les bruits de ce genre ont été attribués, et
c'est à leurs émissaires qu'il faut déjà les rap-
porter en 1874.

J'invoque l'enquête officieuse faite par le
parquet en 1874, et ses résultats ; j'invoque
la poursuite, l'instruction, l'ordonnance de
renvoi motivée par la conduite qu'ils ont te-
nue dans la lutte électorale ; j'invoque le témoignage de la femme Maréchal, qui a indi-
qué leur action commune sur les électeurs
dont ils ont fouillé les poches et qu'ils ont

conduits au scrutin ; j'invoque enfin votre jugement qui condamne Montcharmont-Duvernois et Montcharmont-Nectoux, s'associant à cette œuvre commune de pression électorale aussi bien par des propos calomnieux que par l'action matérielle sur l'électeur.

Pour Marconnet, j'ai, pour appuyer ma demande, la déposition formelle du témoin Pauchard, auquel Marconnet m'a signalé dans le langage que vous savez.

Ainsi, j'ai prouvé deux choses : la manœuvre certaine, la manœuvre imputable à Montcharmont-Nectoux, à Montcharmont-Duvernois, à Marconnet.

Prouvons maintenant la mauvaise foi. Je n'en ai pas besoin du moment qu'il y a fausse nouvelle ; mais, cependant, je tiens à établir cet élément de la mauvaise foi, en vue de la réparation que je demande.

Eh bien, messieurs, la mauvaise foi sera facile à prouver. Je la déduis d'abord d'un fait général indiscutable et je la prouve ensuite vis-à-vis de chacun de mes adversaires.

Le fait général prouvant la mauvaise foi de l'imputation, le voici :

Ils s'appuyaient sur l'arrestation ! Or, en 1871, quelle était la cause de l'arrestation ? Tout le monde la sait ; vous la trouvez expliquée dans une brochure où vous pouvez lire, non, le commentaire, mais au moins les pièces officielles.

La cause de l'arrestation aurait été le fait d'avoir distribué un journal bonapartiste, qui s'appelait *le Drapeau* et qui était publié en Belgique par Granier de Cassagnac. Ce journal était bonapartiste, voilà le gros grief; mais, après tout, en admettant l'exactitude du fait, ce n'était qu'un fait de colportage, ce n'était pas un acte de trahison.

Eh bien ! ce fait même de colportage n'est pas exact ; il est démenti par Crémieux, qui a télégraphié trois fois à ce sujet en disant : « Il n'y a rien ! » Ce fait est encore démenti par Challemel-Lacour, le préfet de Lyon ; il est démenti encore par Bordone, à qui l'on demande : « Sur quoi vous basez-vous pour faire procéder à cette arrestation ? » et qui répond : « Je n'ai eu ni preuves, ni indices, et je n'ai surtout pas affirmé que M. Pinard avait distribué le *Drapeau*; c'est Ganckler qui a reçu l'ordre... Adressez-vous à lui. » Puis Challemel-Lacour, en ordonnant la mise en liberté, promet la restitution des papiers et offre un passeport pour le pays que je désignerai; il le donnera pour Autun, pour Bordeaux, pour Pau, pour Aix, à mon choix.

Est-ce là, je vous le demande, le langage que l'on aurait tenu à un homme soupçonné de trahison ?

Et bien, est-ce que ce fait controuvé, qui était la distribution d'un journal, est-ce que ce fait, qui n'était pas vrai et qui n'eût constitué qu'un fait de colportage, peut, après six ans, se transformer en un fait de trahison, en un acte de connivence avec l'ennemi, sans qu'il y ait mauvaise foi flagrante de la part de ceux qui le transforment et le dénaturent ?

Que l'on me reproche de tenir pour l'Empire, je le comprends ; mais me reprocher, avec cette expression si énergique, de tenir pour les Prussiens, n'est-ce pas l'absurdité même ou plutôt l'insigne mauvaise foi ?

Est-ce que le propre du temps n'est pas de diminuer et d'affaiblir les passions haineuses qui font explosion dans les temps de crise?

Eh bien, ce n'est pas ce qui s'est passé à mon égard : au lieu de laisser le temps faire son œuvre, après six ans, on change en trahison le fait de la distribution d'un journal, fait démenti par Crémieux, par Challemel-Lacour, par Bordone lui-même. Au lieu d'une prétendue distribution de journal, il s'agit de connivence avec l'ennemi, de banquet préparé pour l'ennemi, de prison subie pour cause de trahison. Non ! non ! de telles accusations ne sont pas portées de bonne foi. Quand le temps affaiblit tout, ce n'est pas spontanément, par légèreté pure, que se forgent de telles accusations. Non ! non ! cela n'est pas possible.

Voilà donc la mauvaise foi établie d'une manière complète et absolue; elle ressort des faits et elle est indéniable. On invoquera peut-être comme excuse la surexcitation électorale, la passion politique qui est aveugle. Nous discuterons la question de savoir si la passion politique peut excuser de pareils excès, et s'il y a eu véritablement chez mes adversaires une surexcitation électorale, une passion politique; nous verrons cela; mais je vous le demande, est-ce que les entraînements de la lutte électorale peuvent troubler la bonne foi à ce point de leur faire transformer en fait de trahison le colportage d'une brochure en 1871?

Veut-on maintenant voir la situation de chacun des adversaires et se rendre compte de leur part de responsabilité?

Montcharmont-Nectoux a-t-il pu être de

bonne foi? Cela n'est pas possible. Il a été
maire de sa commune et il l'est encore, il
est riche, il est instruit, il a été été candidat au conseil général en 1874 et il a été dès
cette époque le chef d'émissaires nombreux
et ardents, il s'est trouvé à la tête du mouvement électoral du 20 février 1876, et sur la
même place publique où Montcharmont-Duvernois dit en agitant des papiers : « Nous
avons tout le dossier, » il participe à toutes
les manœuvres frauduleuses qu'a relatées le
jugement et qu'établissent les témoins.

Eh bien, est-il possible que dans ces conditions la mauvaise foi soit discutable? Est-
ce qu'elle n'est pas établie de la manière la
plus évidente?

Son défenseur, en plaidant lors de la première affaire, dit de Montcharmont-Nectoux
qu'il est un homme considérable, qu'il con-
naît tous ses électeurs, « Montcharmont-Nec-
» toux, dit-il, a été honoré par deux fois du
» mandat municipal, il a été d'abord revêtu
» par la confiance du pouvoir central de l'é-
» charpe municipale, puis ensuite par la ra-
» tification du conseil de sa commune, qui
» l'a encore appelé à exercer l'importante
» fonction de délégué sénatorial. »

A qui fera-t-on croire qu'un homme dans
cette situation élevée, qu'un délégué sénatorial ira de bonne foi s'associer à de pareils
bruits?

Voulez-vous encore surprendre la mauvaise foi en flagrant délit? Prenez la déposition de Teymas; ce témoin va vous signaler l'attitude de Montcharmont-Nectoux,
changeant d'un moment à l'autre. Montcharmont m'avait vu quinze jours avant les élections, et m'avait annoncé sa neutralité.

Teyras, qui sait cette promesse, s'étonne de le voir se livrer sur la place à une propagande hostile. Voici sa déposition : « Je suis » étonné de cette attitude (celle de Mont-» charmont-Nectoux), vous promettez de » rester neutre et vous vous livrez à de sem-» blables agissements. » S'approchant de moi, Montcharmont-Nectoux me dit à voix basse : « Il s'est passé bien des choses de-» puis que j'ai fait cette promesse » ; puis se tournant du côté du public, il s'écria à trois reprises différentes : « Vous êtes un » menteur, un infâme menteur : j'en appelle » à M. Pinard lui-même ! »

Ainsi il convient tout bas de la promesse qu'il avait faite, puis le public arrive et il dit : « Vous êtes un infâme menteur ! » M. Teyras a raison de signaler cette attitude contradictoire, signe évident de la mauvaise foi. Montcharmont lui dit tout bas : « J'ai bien promis, mais il s'est passé bien des choses depuis cette promesse. » — Le public arrive, le langage change : « Vous êtes un infâme menteur ! » N'ai-je pas le droit de dire après cela : Tragediante, commediante !

Arrivons à Montcharmont-Duvernois ; il est riche, il a un rôle important dans la commune. Le jour des élections, il arrive sur la place, il porte des papiers, ainsi que l'indiquent les témoins, il les agite en disant : « Nous avons les preuves, nous avons tout le dossier en mains. »

Ce n'est pas tout ; il est entendu par le juge d'instruction, et, comme son cousin Montcharmont-Nectoux, il a deux attitudes. Dans la première, il est très arrogant ; dans la seconde, il cherche à apitoyer le juge d'instruction, et il s'attendrit lui-même en faisant semblant de pleurer. Cette attitude est constatée par le juge d'instruction :

« Pendant sa confrontation avec la dame Maréchal, le prévenu Dechaume-Montcharmont n'a cessé de faire des gestes de désespoir, en disant : « C'est ma condamnation, le » procès est jugé ! Ma femme, mes pauvres » enfants ! ils vont être déshonorés ! » Il feignait de pleurer, mais ses yeux étaient secs. Cette attitude contrastait singulièrement avec le ton arrogant que le prévenu n'avait cessé d'avoir pendant son interrogatoire du 11 courant. »

C'est toujours la même chose : *Tragediante ! Commediante !*

On veut apitoyer les juges, on s'essuie les yeux où il n'y a pas de larmes, et l'on s'écrie : « Pauvres enfants ! ma condamnation est certaine !... » Ai-je besoin d'insister ? Est-ce qu'il n'y a pas là les preuves géminées de la mauvaise foi ?

Arrivons à Marconnet. A-t-il pu, de bonne foi, parler d'insolvabilité ? Je suis de ceux qui tiennent à honneur de ne pas s'enrichir, de s'appauvrir au contraire dans l'exercice des fonctions publiques.

Mais si mon patrimoine est modeste, ai-je jamais eu une seule dette ? Ceci n'est douteux pour personne, et quand il rapproche perfidement cette prétendue insolvabilité du fait d'avoir fait venir les Prussiens et d'avoir subi de la prison, il veut évidemment accréditer ce bruit infâme que d'autres traduisaient plus brutalement par ces mots : « Il a vendu la ville aux Prussiens pour de l'argent. » Comment, après cela, douter de sa mauvaise foi ?

Cette manœuvre m'a-t-elle porté préjudice?

Quand un peuple est malheureux, il est plein de soupçons et de défiances. Il n'y a pas de défaite derrière laquelle on ne cherche la trahison.

Toute accusation de ce genre est dangereuse dans les campagnes, dangereuse vis-à-vis de tout candidat.

En fait, elle a nui, elle a fait son chemin, et il suffit, pour s'en convaincre, d'entendre la femme Maréchal, Galdini et de Montmorillon.

La femme Maréchal s'exprime ainsi :

« On a dit, je ne sais si c'est dans la salle
» ou le corridor, que M. Pinard avait préparé
» un banquet à Autun pour attendre les
» Prussiens, et que c'était cela qui lui avait
» fait le plus de tort au moment du
» vote.»

Galdini s'exprime ainsi :

« Je ne puis vous dire qui m'a rapporté les
» bruits relatifs à l'emprisonnement de M.
» Pinard, et j'ai été étonné de voir qu'un
» candidat à la députation *avait fait de la pri-*
» *son.* »

Ainsi il croit à un emprisonnement régulier, à une condamnation prononcée par des juges.

M. de Montmorillon insiste aussi sur le préjudice :

« Montcharmont a exercé une pression *très-*
» *grande* sur les électeurs, les intimidant;
» dans ma pensée, il a détourné des voix.
» Les électeurs n'avaient pas la liberté de
» leur vote, »

La manœuvre atteint à la fois et du même coup l'homme privé et le candidat. On n'attaque l'homme privé ainsi que parce qu'il est candidat, et on ne frappe sûrement, profondément, le candidat qu'en blessant l'homme privé.

Dans quelle mesure cette manœuvre a-t-elle nui au candidat et empêché l'élection? Il est difficile de le dire, puisque le vote doit rester secret. Mais je vous soumets cette observation : le grand argument, à peu près l'unique argument vis-à-vis de tous les candidats a été la guerre. Or, cette arme prenait pour moi une forme autrement aiguë ; ce n'était plus seulement la guerre : c'était le désastre de par la trahison.

Si l'arme a été dangereuse, puissante, vis-à-vis des autres, elle devenait vis-à-vis de moi, sous cette forme bien autrement agressive, dix fois plus dangereuse, dix fois plus puissante. Donc, en se propageant, une semblable manœuvre a dû avoir des effets considérables sur l'élection elle-même.

Dans quelle mesure maintenant cette même manœuvre a-t-elle atteint l'homme privé? En donnant une aussi fausse interprétation à l'arrestation, en présentant comme une preuve de connivence avec l'ennemi l'acte arbitraire, inique dont j'avais été la victime, on déshonorait mon passé, et on rendait l'avenir impossible.

Le passé déshonoré, quand en 1870 et 1871, au moment même de l'arrestation, je faisais à l'esprit de patriotisme tous les sacrifices.

L'avenir impossible, car semblable accusation est comme la tache d'huile qui s'étend toujours, qui se voile un moment pour reparaître sans cesse, et lorsque six ans après les événements, on donne cette odieuse version de la trahison, il n'y a plus de période électorale, plus de commotion politique, plus de crise révolutionnaire, où on ne doive la reproduire avec cynisme, avec éclat.

Comment s'arrêterait-on si on a osé propager cette infamie six ans après les événements, et si on le faisait avec impunité ?

Dira-t-on qu'elle est trop forte pour réussir ? Non ! Pour les masses, avec les tendances de la nature humaine qui croit facilement le mal, qui explique volontiers la défaite par la trahison, la plus grosse calomnie est toujours la meilleure. Peu importe qu'elle soit invraisemblable : l'essentiel est qu'elle soit claire, considérable, frappant l'imagination, excitant l'indignation. Regardons derrière nous. Quand une guerre éclate, l'accusation toute prête, l'accusation toujours accueillie, c'est la connivence avec l'ennemi.

Au moment de la première Révolution, dans le département voisin du nôtre, dans l'Ain, M. de Montrevel a fait le bien du pays. Il appartient presque aux idées nouvelles. Il est appréhendé, ramené à Bourg, guillotiné. Savez-vous la cause de cette exécution sommaire ? Cet homme, innocent entre tous, on l'accuse un jour d'être de connivence avec l'ennemi. La guerre avec l'Allemagne commençait, et cela suffit.

Voulez-vous un exemple plus récent et plus terrible ? Lisez dans la *Gazette des Tribunaux*, dans les derniers jours de l'Empire, l'affreuse mort de M. de Moneys :

« Dordogne. — Un drame épouvantable s'est

» passé ces jours derniers à Hautefaye (Dor-
» dogne). Voici le récit qu'en fait l'*Echo de la*
» *Dordogne* : Un nombre considérable d'hom-
» mes des communes voisines (quatre ou cinq
» cents environ), armés de bâtons, assailli-
» rent M. de Maillard, propriétaire à Beaus-
» sac, et M. de Moneys, qui se trouvaient
» dans un pré séparé du champ de foire par
» un petit chemin. M. de Maillard étant
» parvenu à se sauver; ils se ruèrent sur
» M. de Moneys, le saisirent, le frappèrent
» et le conduisirent au fond du village, à
» deux mètres du forrail, en criant : Vive.....
» Il faut le pendre; p... avoir envoyé de l'ar-
» gent aux Prussiens.

» Il protesta en même temps que, pour son
» compte, il était résolu à ne pas user de l'a-
» vantage que lui donnait la fortune pour se
» faire remplacer devant l'ennemi; que, quant
» à ceux qui cherchaient à se soustraire à ce
» moment à leur devoir patriotique, ils se
» conduisaient comme des lâches, ils faisaient
» cause commune avec ceux qui criaient :
» Vive la Prusse !
» Il parut que ces derniers mots furent
» seuls entendus d'une partie de la troupe
» de jeunes gens, et que l'épithète de Prus-
» siens fut alors lancée à l'adresse du petit
» cercle d'amis. Cette insulte, passant de
» bouche en bouche, désigna M. de Moneys
» et ses compagnons, et les voies de fait
» ne tardèrent pas à se produire. »

L'*Echo de la Dordogne* donne ces autres
renseignements :

« M. de Moneys est mort dans les flam-

» mes;, son cadavre est complétement cal-
» ciné. Ce malheureux a été traîné et mar-
» tyrisé depuis une heure jusqu'à trois heures
» du soir.

» M. de Moneys, âgé de trente-deux ans,
» était d'un caractère doux; il était bien vu
» dans le pays.

» C'était un ami de l'ordre et dévoué au
» gouvernement. »

(*Gazette des Tribunaux*, 22 et 23 août 1870.)

Voilà des crimes abominables; faut-il beaucoup nous en étonner? Non; ils attestent la
sauvagerie et la fièvre; mais en même temps
cette saine croyance que la trahison est le
dernier des crimes. Les peuples qui ressen-
tent cela ne sont pas finis, ils peuvent encore
beaucoup. Il y aurait un autre degré d'abais-
sement qui ferait désespérer d'eux; ce serait
le moment où la trahison leur serait presque
indifférente, où l'accusation de trahir n'indignerait personne, où cette fausse accusation
de trahison ne causerait plus de préjudice.
Grâce à Dieu, nous n'en sommes pas là!
nous ne sommes pas finis.

Ainsi la manœuvre est certaine, imputable aux trois adversaires, faite par chacun
d'eux de mauvaise foi, et essentiellement
préjudiciable.

Si tout cela est, le procès est bien sérieux,
et les défendeurs ont reconnu, proclamé eux-
mêmes son importance en l'ajournant par
toutes les fins de non-recevoir possibles.
C'était à se demander s'ils voulaient en re-
tarder la solution à une époque où ils auraient d'autres juges.

En novembre, ils soutiennent que les dé-

lais de distance et d'assignation n'ont pas
couru pendant les vacances. Plus tard, deux
font défaut pour amener les lenteurs de la
réassignation et du jugement profit joint.
En décembre, ils récusent tous les juges qui
ont siégé dans l'instance correctionnelle.
Après avoir succombé devant la cour de Dijon, l'un d'eux se pourvoit en cassation. Multiplier ainsi les retards, n'est-ce pas dire
que le procès les effraie et qu'il grossit à mesure qu'ils le retardent et qu'ils l'approfon-
dissent?

On me fait une première objection : Ce
procès arrive tard ? La réponse est facile.

Si, en 1871, le lendemain de ma mise en liberté, je n'ai pas poursuivi les auteurs d'une
illégale arrestation, qui n'a compris les motifs de cette abstention? La guerre n'était
pas finie; toutes nos préoccupations étaient
aux désastres de la patrie, aux angoisses de
la campagne de l'Est. Si l'arrestation, si la
détention qui l'avait suivie m'avaient causé
préjudice, il faut reconnaître que ma sécurité avait été plus exposée que mon honneur; on donnait pour motif à l'arrestation
la distribution d'un journal, d'un journal
bonapartiste, le journal le *Drapeau.* Ce fait
de distribution eût-il été vrai, il n'avait rien
d'infamant. On me décernait, en m'en accu-
sant, un certificat d'imprudence mais aussi,
ce qui est toujours honorable, un certificat
de fidélité.

Puis, on sait dans quels termes précis
l'erreur commise à mon préjudice était re-
connue. On sait le langage de Crémieux, le
garde des sceaux d'alors; de Challemel-La-

cour, de Bordone lui-même, reconnaissant tous qu'il n'y a ni indice ni preuve de cette prétendue distribution.

Pourquoi n'avoir pas intenté mon action le lendemain des élections générales de 1876? Si je l'avais fait à cette date, c'est alors que vous auriez crié au regret, à la rancune électorale! Non, je préférais laisser le ministère public poursuivre seul d'office, sans la partie civile, dans sa fière et légitime indépendance, les manœuvres frauduleuses. Puis, j'attendais à l'audience correctionnelle le langage, l'attitude des prévenus.

Qu'à cette audience correctionnelle, ils aient nié les propos calomnieux, au lieu de les avouer, c'est l'affaire de leur défense, c'est leur droit de prévenus. Mais voyons, de bonne foi, s'ils ne se réservent pas de les reproduire à nouveau à telle occasion propice, pourquoi ne pas dire devant la justice qu'ils reconnaissent mon patriotisme et me croient incapable de ces sinistres abaissements de la trahison? Non; ils nient avoir tenu ces propos et se gardent d'ajouter un mot. Ils se réservent si bien l'avenir que leur défenseur donne ainsi, dans trois passages distincts de la plaidoirie, la formule de leur défense :

« J'ai dit et je répète que, selon moi,
» on pouvait avancer en toute sécurité que
» M. Pinard avait amené les Prussiens en
» France.
» Quant à l'arrestation préventive, elle
» n'est pas contestable.
» Il n'y a pas eu de calomnies; il n'y a
» pas eu de fausses nouvelles. »

Ainsi les prévenus, tout en se défendant d'avoir tenu les propos, qualifient mon arrestation, non pas d'arrestation arbitraire, mais d'arrestation préventive, d'arrestation régulière, comme celle qu'un juge eût ordonnés ; ils trouvent légitime de répéter que j'ai amené les Prussiens. Si leur langage est tel devant la justice, que sera-t-il devant leurs amis, leurs commensaux, leurs électeurs ?

Je sais bien que le défenseur a donné à ces paroles le commentaire obligé ; c'est le régime auquel tient M. Pinard qui a amené les Prussiens ; l'arrestation a été une erreur. Mais beaucoup se contenteront de la première formule sans le commentaire.

Puis vient le compte rendu des débats du 11 mai publié par les Montcharmont eux-mêmes et distribué gratis par eux.

Compte rendu singulier en effet, singulier à tous les titres ! Ils sont condamnés sur la poursuite d'office du ministère public. Ils ne font pas appel, paient l'amende et s'empressent de publier les débats du procès qu'ils avaient voulu entraver d'abord et qu'ils ont perdu.

Une semblable publication n'a-t-elle pas pour but d'infirmer moralement la sentence dont on n'osait point appeler ? N'est-ce pas dire qu'ils triomphent en réalité, que l'amende a été bien modique parce que l'interprétation de leur défenseur a été admise ? Et plus tard, nanti de ce compte rendu resté sans réponse, le parti n'aura-t-il pas le droit de le répandre par fragments, d'en détacher en tout ou en partie la plaidoirie de l'avocat, de faire des lignes détachées que je citais tout à l'heure une arme nouvelle, une arme perfide, une arme électorale ?

Oui, ce compte rendu est une atteinte, une réponse indirecte au jugement du 12 mai. Une publication de ce genre faite par les condamnés ne peut avoir que ce but. Qui en a contrôlé la sincérité? Personne. Qui ne voit les lacunes qu'elle contient lorsqu'elle ne donne aucune des dépositions écrites lues à l'audience, ni celle de M. Teyras, qui est capitale, ni celles de Desjours, de Thomas, de Chevalier, qu'on est forcé de lire, parce que les témoins intimidés hésitent à reproduire oralement ce qu'ils ont dit au juge d'instruction !

Une semblable publication, incomplète et suspecte, est si bien une réponse au jugement, elle a si bien pour but de maintenir aux condamnés la situation qu'ils avaient avant, et de permettre au parti les mêmes insinuations calomnieuses à la première occasion qu'on la répand partout. On éternise ainsi le débat sur ces imputations odieuses et on fait dire au lecteur inattentif ou à celui qui reçoit le compte-rendu sans le lire : «Décidément, on parle trop de tout cela pour qu'il n'y ait pas quelque chose. S'il n'y a eu que deux cents francs d'amende, c'est que les Montcharmont n'avaient pas tout à fait tort !»

Et j'aurais accepté ce nouveau défi en silence, les autorisant, par ce silence même, à dire que je les redoutais et que je fuyais un débat contradictoire! Non, cela n'est pas possible. Leur compte rendu est une provocation. Cette provocation, je la relève, c'est pour moi un impérieux devoir. Les Montcharmont l'ont voulu, ou on l'a voulu pour eux.

Seconde objection: la calomnie n'a été que verbale.

Une accusation aussi grave n'eût pu se produire dans un journal sans être sévèrement punie, tant elle était calomnieuse et abominable.

Pour échapper à la peine, elle est restée verbale. Mais ce serait une grande erreur de croire que verbale, elle cause moins de préjudice.

Dans les campagnes on lit bien rarement, même un journal. Les bruits qui s'y accréditent n'ont pas besoin de la presse pour y pénétrer et y faire leur chemin. Ils circulent de ferme en ferme, de hameau en hameau, de village en village, de canton à canton. Le *paysan* représente le *pays* bien autrement que la mobile et bruyante population des villes. La terre qu'il cultive garde tout et transforme tout, les bonnes et les mauvaises semences.

Comme le sillon qu'il déchire chaque jour, le paysan garde tout à son tour, et la vérité, et le préjugé, et la calomnie qui frappe son imagination et touche à ses intérêts. Rien ne se perd dans les campagnes : tout ce qu'on y sème germe et se transforme.

Il n'y a pas besoin pour cela de journaux. Quel est le journal qui soit pour la dîme? Et cependant le paysan croit toujours au retour possible de la dîme, de la corvée et du reste, si on lui parle de certain régime. Quel est le journal qui ait admis le sorcier? Et le paysan croit toujours au sorcier et au sort.

Tout ce que je vous concède, c'est que le paysan, qui ne lit pas, croira davantage au bruit qu'on accrédite si on lui dit : *c'est écrit*. Or, ce mot *c'est écrit*, vous le lui avez

dît quand, agitant des papiers, vous vous
êtes écriés : « Nous avons les preuves, nous
avons tout un dossier. »

Eh bien oui, il y avait un dossier, celui de
ces journaux de 1871 qui, au moment de
l'arrestation, provoquaient à l'assassinat et
criaient à la trahison. Se référait-on à ces
journaux ? Écoutez leur langage :

« M. Baroche père a eu la pudeur de mou-
» rir à Jersey sous les remords de sa
» conscience. Puisque M. Pinard est resté le
» même, espérons que quelques balles lui
» feront rentrer dans le cœur ces remords
» qu'il ne veut pas connaître. La France
» avant tout ! il s'agit de sauver la républi-
» que. Pardonner aujourd'hui à ces hommes
» qui travaillent dans l'ombre à nous assas-
» siner plus tard, à nous faire une seconde
» édition de 1851, c'est trahir la cause, qu'on
» ne l'oublie pas. »

L'*Echo de la République*, 7 janvier 1871, journal démocratique de l'Ain, s'exprime ainsi :

« Aujourd'hui Pinard, de triste mémoire,
» un des infâmes qui ont trahi la France,
» vient de mettre le comble à toutes ses
» infamies. Le quartier général de Garibaldi
» a mis la main sur une de ses correspon-
» dances avec des officiers prussiens. »

Le *Phare du Littoral*, 25 janvier 1871, dit :

« On sait la mésaventure qui vient d'arri-
» ver à M. Pinard, l'ancien ministre de l'in-
» térieur de Napoléon III. M. Pinard se
» trouvait à Autun, sa ville natale. M. Bor-
» done, le chef d'état-major de Garibaldi, s'y
» trouvait en même temps que lui. La

» coïncidence était désagréable pour M. Bor-
» done; elle est devenue fâcheuse pour
» M. Pinard, qui a été arrêté sous l'inculpa-
» tion de manœuvres à l'intérieur entreprises
» dans l'intérêt des Prussiens et de Bona-
» parte, et envoyé à Lyon, sous l'escorte
» protectrice de la gendarmerie...

» M. Pinard, par cela seul qu'il existe cons-
» pire contre la république. »

Enfin, même en mai 1873, le *Morvan*, journal publié à Autun, disait que rien n'était
moins prouvé que l'arbitraire de mon arrestation. Que de perfidie dans une semblable insinuation ! L'*Echo de Saône-et-Loire*
dut la relever ainsi dans son numéro du
8 mai 1873. — « Le *Morvan* nous répond
» aujourd'hui que les républicains n'ont
» point protesté contre les prétendues arres-
» tations arbitraires du général Pradier et
» de M. Pinard, parce que rien n'est moins
» prouvé que l'arbitraire de ces arrestations.
» Rien n'est moins prouvé, dites-vous; mais
» rien, au contraire, n'est mieux établi ! En
» ce qui concerne M. Pinard, notamment,
» il existe deux déclarations rendues publi-
» ques et dont vous ne voudrez sans doute
» pas désavouer les auteurs. Elles émanent :
» l'une de M. Crémieux, garde des sceaux;
» l'autre, de M. Challemel-Lacour, préfet du
» Rhône. — De Challemel-Lacour, entendez-
» vous bien ?

» Vous ne l'accuserez sans doute pas, ce-
» lui-là, de scrupules exagérés en fait de
» sûreté individuelle, car il est l'auteur de
» l'annotation, désormais historique : *Fusil-
» lez-moi ces gens-là !* Eh bien! M. Challemel-
» Lacour lui-même a formellement reconnu,

» de même que M. Crémieux, l'injustice
» et l'illégalité de l'arrestation de notre
» compatriote. »

Vous me direz que vous ne vous en réfé-
riez point à un pareil dossier. Je le crois
bien. Mais alors, de dossier vous n'en aviez
point et vous faisiez mensongèrement croire
alors, si vous n'invoquiez pas ces journaux,
à un dossier judiciaire, à une condamnation :
c'était plus hypocrite et tout aussi coupable que le fait d'invoquer les journaux cités.

Avouez qu'une calomnie verbale ainsi édi-
fiée, ainsi étayée, est autrement dangereuse
dans nos campagnes qu'un silencieux article
de journal qui se lit peu, ne se conserve pas
et s'oublie le lendemain.

Troisième objection : l'émotion de la lutte,
l'excitation de la politique atténuent singulièrement leurs torts. Je réponds très nettement :

S'il y avait émotion dans la commune, c'é-
taient eux qui l'avaient créée ; ils en avaient
été les inspirateurs et les initiateurs. Puis,
je crois peu à leur passion politique, émue,
profonde et sincère. Dans les campagnes, là
surtout, la question est plus locale que gé-
nérale, plus municipale que politique, et je
ne puis m'empêcher de croire que si M. de
Montmorillon, le maire d'alors, avait été
contre moi, j'aurais eu probablement pour
moi ses ennemis immortels, ses ennemis
quotidiens, les Montcharmont.

Enfin, j'ajoute qu'il n'y a pas d'excitation
électorale qui autorise et atténue des manœuvres de ce caractère et des calomnies de
ce genre.

Quelle réparation me faut-il?

Tout d'abord un jugement qui dise nettement ce que je fus en 1871, ce que furent mes adversaires d'alors, ce que fut l'arrestation. Ce que je fus en 1871 : un honnête homme voulant faire son devoir et plaçant la patrie au-dessus de tout parti. Ce que furent mes adversaires : des hommes sacrifiant au contraire le pays à leur parti; ce que fut l'arrestation : la plus inique des mesures due à la vengeance d'un escroc ou à la haine de l'Empire! Les preuves de ces trois assertions, vous les trouverez dans cette brochure remplie de pièces officielles; vous les trouverez surabondantes, éclatantes, recueillies par les commissions d'enquête de l'Assemblée nationale.

Ce qu'il me faut encore, c'est une grande publicité donnée à votre sentence, c'est l'insertion légale dans plusieurs journaux, publicité légitime à tous les titres. Le remède doit aller partout où a été le mal. Le mal s'est affirmé dans ces journaux, commentant si faussement l'arrestation en 1871, dans cette feuille de 1873, émettant encore des doutes sur son caractère arbitraire. Il s'est affirmé, même depuis ma brochure et mon assignation. Je n'en veux d'autres preuves que ces lignes du journal *le Progrès*, dénaturant encore, le 18 octobre 1876, le but et la portée de ma demande.

« M. Pinard se prétend diffamé, parce qu'on » aurait dit, suivant lui, qu'il a été mis en » prison par les Garibaldiens.»

Je n'en veux d'autre preuve que cette brochure de Marais me répondant à la fin de 1876, et prouvant par ces lignes que je vais citer que la calomnie a circulé en 1871 et qu'elle trouve encore créance à l'heure actuelle.

» Je le confesse encore; ils sont trop soup-
» çonneux ceux qui, après avoir trouvé vo-
» tre nom parmi les membres de ce comité
» de l'Appel au peuple que M. Rouher pré-
» sidait sans le connaître, et que l'enquête
» sur l'élection de la Nièvre nous a révélé,
» prétendent que je me suis trompé en vous
» appréciant ainsi dans le même ouvrage :
» en apprenant l'arrestation de l'homme
» d'Etat, inventé par la princesse Mathilde
» et par l'Impératrice les gens du peuple
» se disaient tranquillement : « Parbleu ! le
» motif de son arrestation est bien simple :
» il était d'accord avec les Prussiens. »

Il me faut enfin des dommages-intérêts, et je les demande sérieux, considérables. Pourquoi?

Les dommages-intérêts se mesurent d'abord à la fortune de ceux qui les paient. Or, je me trouve en face de deux personnes sur trois dont le patrimoine est relativement considérable.

Les dommages-intérêts se mesurent aussi à la mauvaise foi des condamnés. Cela est si vrai que l'article 55 du code pénal établit la solidarité entre tous les délinquants, entre le plus coupable et celui qui n'est presque. qu'imprudent ; le juge lui-même ne peut effacer cette solidarité pour les frais, les restitutions et les dommages, il suffit qu'il y ait entre eux complicité, c'est-à-dire le lien de la mauvaise foi pour qu'un seul paye pour tous. C'est dire énergiquement combien la mauvaise foi doit être prise en compte, lorsqu'il s'agit de dommages-intérêts.

Autre mesure pour les dommages-intérêts: la gravité de la calomnie ou de la manœuvre. Or, si la trahison est un crime odieux, je ne connais rien de plus grave et de plus perfide que la fausse accusation d'avoir trahi.

Autre mesure encore pour les dommages-intérêts : l'honorabilité de la personne à laquelle est due la réparation. Je ne puis rien dire sur ce terrain ; tout ce que je rappelle à mes juges, c'est que plus le passé est honoré, plus le coup porte, plus la blessure est profonde pour moi et les miens.

Autre considération : Dans les campagnes on lit peu, même les journaux, même les jugements. Quand on les lit, les considérants échappent, on ne retient que le résultat. Le résultat pratique, celui qui ne s'oublie pas, celui qui circule, celui qu'on apprend à ceux qui ne savent pas lire, c'est la somme à payer par le condamné. En matière pénale, on retient la prison ; en matière civile, on retient les dommages-intérêts. Le paysan n'oublie jamais la somme qu'il débourse, il n'oublie pas davantage celle que paie son voisin; elle seule lui dit la nature, l'étendue, la portée de la réparation qu'a voulue la justice.

A mesure que le bien-être s'accroît et que nous tenons tant aux intérêts matériels, cette vérité s'accuse avec plus d'évidence. Aussi nous voyons la jurisprudence en tenir compte ; ce n'est plus seulement le juge anglais qui accorde beaucoup à l'initiative individuelle, demandant à la justice de réparer l'offense, c'est le juge français.

Citons ses arrêts les plus récents :

S'exprimant sur la portée de ces attaques qui exploitent les douloureux souvenirs de l'invasion, la cour de cassation nous dit, dans le langage le plus élevé, tout ce qu'elles ont de graves et de perfide au point de vue social. Je signale ce considérant :

« Attendu, d'un autre côté, que c'est par
» une appréciation exacte et justifiée que
» l'arrêt attaqué a dit de l'imputation dirigée
» contre le duc de Broglie qu'il est difficile
» d'imaginer une accusation à *la fois plus*
» *dangereuse et plus perfide* que de soutenir *que*
» *celui qui en est l'objet*, étranger aux notions du
» plus vulgaire patriotisme, *n'a vu dans la*
» *présence* des armées ennemies sur le sol du
» pays que l'occasion de *satisfaire une incura-*
» *ble* vanité, et que cette imputation serait
» de nature à soulever *contre lui la haine* et
» la réprobation de ses concitoyens.
» Rejette.... »

(Cour de cassation, 17 juillet 1876).

Vous avez mesuré cependant l'abîme qui sépare cette imputation de celles qui m'étaient adressées.

Le 17 mai 1876, la cour de Bourges rend son arrêt dans l'affaire de Bourgoing. Le journal a accusé le parti de M. de Bourgoing, d'intimidation, de corruption ; lui n'est point pris directement à partie ; il n'est que le bénéficiaire des manœuvres relevées. On reconnaît même son honorabilité personnelle. M. Girerd dira, le lendemain, à la tribune de l'Assemblée nationale les mêmes choses. L'Assemblée invalidera l'élection et, pour cette invalidation prononcée par une Assemblée souveraine et compétente, on ne lui

doit point de dommages-intérêts. L'arrêt
n'affirme pas la mauvaise foi de l'auteur de
l'article : il ne relève que sa légèreté. Eh
bien, dans ces conditions, l'arrêt ordonne
l'insertion dans six journaux et alloue à
M. de Bourgoing 6,000 francs 05 de dommages-intérêts.

Le 5 mai 1876, la cour de Paris confirme
un jugement de Vitry, qui condamnait à
quinze jours de prison, ordonnait l'insertion
dans dix journaux et allouait dix mille francs
de dommages-intérêts. Or, qu'avait fait le
journal? Il avait accusé M. Vavin d'Epensi-
val, candidat aux élections, arrêté en 1871
par les Allemands, d'avoir fait payer par la
commune tous les dégâts faits à son château,
d'avoir vendu ses terres trop cher à la commune, d'avoir montré trop de sympathie
aux filles-mères recevant des primes pour
élever leurs enfants.

Enfin, la cour de Dijon, confirmant, le
6 décembre 1871, votre jugement qui allouait
à M. Caillaut dix mille francs de dommages-
intérêts contre un seul inculpé, ajoute à la
première sentence de remarquables considérants, que je signale en terminant.

Ainsi ces vérités croissantes de la jurisprudence contre la calomnie, voilà le procès tout
entier.

Avouez, messieurs, que tout me l'impo-
sait.

On n'est point seul, on n'est point isolé
dans cette vie : on a ceux qui vous précèdent et ceux qui vous suivent.

Je devais ce procès à ceux qui ont porté
mon nom à cette barre et sur ce siége, à

ceux qui, dans un passé plus lointain, l'ont également honoré et dans de modestes fonctions et dans les postes les plus élevés de la magistrature et de l'armée.

Je le devais à mon fils, entré dans une carrière où le point d'honneur est susceptible : à lui je veux laisser un honneur qu'aucun soupçon n'atteigne.

Je le devais à cette famille judiciaire au milieu de laquelle j'ai vécu près de vingt ans, gardant d'elle un sceau indélébile et des souvenirs que rien n'efface.

Je le devais à ma vie politique : là aussi on contracte des engagements, on reçoit une investiture que le temps ne détruit pas; on n'est plus, mais on a été, et on doit à ceux qu'on a servis de ne point oublier leurs dernières paroles. Or, je n'ai point failli à ce dernier mot de la souveraine, disant, le 9 août 1870, aux députés qui l'entouraient : « Messieurs, il ne s'agit plus de la dynastie, » il ne faut songer qu'à la patrie et à » l'armée. »

Je devais ce procès aux plus de quatre mille électeurs qui m'ont donné leurs suffrages et qui n'avaient choisi ni un traître ni un insolvable.

« L'histoire ne se refait guère, la défaire est difficile », disait récemment un de nos maîtres à l'Académie française. Le mot est rigoureusement vrai; mon nom modeste sera promptement oublié; mais, si peu qu'on le prononce, ici ou ailleurs, mon devoir est d'éloigner de lui, même un soupçon; or, il n'y a que vos jugements qui aient la puissance d'empêcher une erreur de naître, un préjugé de s'accréditer!

Messieurs, dans le monde le plus élevé,

lorsqu'il obéit au préjugé, de pareilles imputations s'effacent avec du sang; dans tous
les mondes, elles s'effacent avec un arrêt.

Cet arrêt, pour l'obtenir, j'aurais pu relier
ma cause à de hautes considérations.

M'emparant de cet arrêt de la cour de cassation, dont je signalais tout à l'heure le
magnifique langage, je pouvais vous dire :
« De pareilles accusations sèment la haine
sociale. »

Signalant le compte rendu de mes adversaires, je pouvais vous dire : « Il a été une
ironie à votre justice. »

Comptant toutes leurs fins de non-recevoir, je pouvais vous dire : « On attend des
juges amovibles des juges nouveaux, auxquels on commande, auxquéls on n'obéit
plus. »

Non, j'ai laissé ces hauteurs, ces considérations, pour ne vous parler que de l'affaire.

Ma brochure, je l'ai écrite avec une im-
partiale indifférence, ne citant que des pièces, et parlant de moi comme s'il s'agissait
d'un autre.

Mon procès, je vous l'explique, non comme un plaideur, non comme un avocat,
presque avec l'impassibilité d'un témoin.
Aussi, fort de mon droit, fort de ma conscience, c'est avec une confiance absolue
que j'attends votre justice.

Mᵉ Demôle

Mᵉ Demôle, défenseur de Montcharmont-
Duvernois, rend hommage au caractère de
M. Pinard. Si Montcharmont-Duvernois l'a
attaqué, c'est comme ancien ministre de

l'Empire, ayant sans doute quitté le ministère en 1868, donc avant les événements de
1870, mais représentant toujours par sa situation, son nom, les souvenirs de son
passé, ce régime impérial qui est, aux yeux
du client et aux yeux du défenseur, un régime détesté, commençant par un parjure
et un coup d'Etat, en 1852, et finissant dans
la défaite et la honte, en 1870.

Il comprend que M. Pinard ait fait le procès, et demande une explication qui soit une
réparation. Son client s'est borné à nier,
lors du procès correctionnel, les propos
qu'on lui impute ; il persévère dans ses né-
gations aujourd'hui ; mais il y ajoute une
amende honorable au demandeur, en décla-
rant qu'il ne doute ni de l'honorabilité, ni
du patriotisme de M. Pinard.

Me Demôle cherche à démontrer que les
témoins qui accusent Montcharmont-Duvernois ont pu se tromper, ou ne méritent
qu'une confiance limitée.

La femme Maréchal, notamment, s'est je-
tée dans la lutte avec trop d'ardeur pour
mériter confiance, et elle a dû quitter la
commune depuis.

Il y a eu dans cette lutte électorale de vi-
ves émotions qui ont pu passionner les témoins, altérer leurs souvenirs. Il est toujours
dangereux de faire juger les vaincus par les
vainqueurs : il l'est davantage encore de
faire juger les vainqueurs par les vaincus ;
ces derniers y mettront plus de passion. Or,
telle est la situation des témoins invoqués
par le demandeur.

Oui, les Montcharmont ont publié un
compte rendu de cette instance correctionnelle, terminée par un jugement qui les a

frappés et dont ils n'ont pas appelé. Ce
compte rendu est exact, et s'il ne reproduit
pas les dépositions lues à l'audience, notamment celles de M. Teyras, c'est sans parti
pris, sans influence sur la physionomie gé-
nérale du débat. Sans doute, des phrases
isolées de la plaidoirie du défenseur pour-
raient être mal interprétées si elles étaient
publiées seules ; mais elles sont toujours
suivies d'un commentaire indiquant bien
qu'on n'impute qu'à l'Empire, et non à
M. Pinard personnellement, le fait d'avoir
amené les Prussiens en France. Or, jamais
ces lignes, que le demandeur citait, n'ont
été et ne seront publiées séparément. Il faut
lire ce qui précède et ce qui suit. Il faut
voir l'ensemble, et l'ensemble est unique-
ment l'attaque politique au régime déchu.

Où serait, d'ailleurs, le préjudice pour M.
Pinard ? Il y a eu un trop grand écart de
voix entre M. Pinard et M. Gilliot pour que
ce qui s'est passé dans la commune des Montcharmont ait pu avoir la moindre influence
sur le résultat de l'élection. Donc, pas de
préjudice électoral. Quant au préjudice moral, il n'existe pas, mon client reconnaissant l'honorabilité du demandeur, et les
émotions inséparables de la lutte ne laissant
pas de trace après la bataille.

Ces émotions, il faut les juger humaine-
ment, en comprenant que le suffrage universel doit s'éclairer par la discussion, par la
libre discussion. Or, discuter librement, c'est
dans ces milieux et à ces heures, laisser forcément la porte ouverte à des mots excessifs.
Mais le juge doit faire la part de l'heure, du
milieu ; et, comprenant alors qu'on n'a voulu
attaquer qu'un régime, et non une personne

il renvoie forcément des fins de la demande ceux qu'on traduit à tort à sa barre.

Mᵉ Le Blond

Mᵉ Le Blond se lève pour Montcharmont-Nectoux.—Il trouve que les faits de cette affaire ont été exagérés, grossis par le demandeur, de manière à lui permettre, non pas sa propre justification qui n'est pas nécessaire, et à l'encontre de laquelle il ne trouvera pas d'adversaire, mais celle de l'Empire, qui est à jamais impossible.

Sur le terrain judiciaire, pas de témoins ayant entendu son client proférer les bruits calomnieux. Si ces bruits ont circulé, ce n'est point par le fait de son client. C'est en vain que le jugement correctionnel du 11 mai établit dans ses motifs que Montcharmont-Nectoux a agi de concert avec Montcharmont-Duvernois, et s'est rendu son complice. Cette considération, qui est dans les motifs, dans les attendus, non dans le dispositif, ne lie pas le juge civil. D'ailleurs, elle n'est pas juridique : il n'y a pas de complicité pour la propagation des bruits calomnieux et des fausses nouvelles. Toute la conséquence qu'il faille tirer du jugement du 11 mai, c'est que les deux Montcharmont ont détourné des voix par certains agissements matériels ; mais rien n'établit que Montcharmont-Nectoux ait propagé la calomnie ou s'y soit associé.

Pourquoi M. Pinard a-t-il succombé dans la lutte électorale ? Ce n'est pas à raison des agissements relevés par le jugement du 11 mai, ou en raison de ces propos calomnieux que d'autres que son client, dit-il, ont pu propager. C'est parce qu'il représentait, lui, l'ancien ministre de l'Empire, un régime détesté, dont la déchéance a été proclamée, un régime qui a commencé en 1851 par le parjure et le coup d'Etat, et qui a fini par la défaite et la honte de Sedan.

Alors M. Pinard a cédé à une pensée de rancune ; il a fait une brochure pleine de haine et d'attaques, où il ne ménage personne, ni les étrangers venus à notre secours, ni même les mobiles qui n'ont pas tenu au feu, parce que l'Empire avait été assez négligent pour ne pas les exercer et les préparer.

Il a, indépendamment de sa brochure, fait un procès aux Montcharmont, auxquels il en voulait d'autant plus qu'il avait espéré leur concours.

Et, pour prouver ce fait, Me Le Blond lit deux lettres, l'une de M. Pinard à M. Montcharmont, l'autre d'un jeune fonctionnaire qu'il ne nomme pas et dans laquelle ce dernier engage Montcharmont à voter pour M. Pinard.

Me Le Blond engage ensuite les juges qui, par la nature de leurs fonctions et leur vie, sont à distance des passions électorales, à bien se convaincre que ces combats ne s'engagent jamais sans une agitation réciproque. Est-ce que les journaux qui soutiennent M. Pinard n'ont pas attaqué M. Gilliot dans son passé et ses opinions républicaines avec une violence sans égale? Est-ce que les émissaires de M. Pinard ne payèrent pas à boire? Est-ce que le candidat opposé à M. Gilliot n'avait pas sa porte ouverte à tous? Est-ce que lui et ses amis n'ont pas agi et parlé au-

trement qu'ils n'eussent agi et parlé en temps
ordinaire?

Aussi le défenseur conclut en disant que
le jugement correctionnel du 11 mai 1876 a
amplement suffi à la vindicte publique, qu'il
n'y a pas motif à un second procès; que le
préjudice électoral n'existe pas, puisque, les
faits eussent-ils été différents dans la commune des Montcharmont, rien n'était changé
dans les résultats généraux du scrutin; que
le préjudice moral n'existe pas davantage,
puisque les défendeurs se sont bornés à attaquer non la personne même de M. Pinard,
mais le régime qu'il a servi, régime auquel
on doit une guerre mal préparée, faite dans
un intérêt dynastique, compromise par d'é-
normes fautes et aboutissant à une capitulation sans exemple.

Mᵉ *Petitier*

Mᵉ Petitier, le défenseur de Marconnet, se
renferme sur le terrain judiciaire.

Contre Marconnet, dit-il, on n'a que la déclaration de Pauchard. Or, cette déclaration,
faite, en dehors d'un débat contradictoire,
devant un juge d'instruction qui instruit à
charge, toujours avec la préoccupation de
découvrir le délit, n'offre pas les mêmes ga-
ranties que si elle se produisait dans une
enquête civile vraiment contradictoire.

En second lieu, une ordonnance de non-
lieu est intervenue en faveur de Marconnet,
et il faut tirer de cette ordonnance la con-
clusion que la déclaration qui le charge n'a
pas inspiré grande confiance, ou qu'au moins
il n'a été qu'imprudent, mais de bonne foi.
Marconnet n'a pas seulement un rôle effacé :

il n'a pas de rôle. Il n'est dans le procès que pour qu'il y ait trois défendeurs, pour arrêter les lenteurs des préliminaires de conciliation. Il s'est gardé de récuser les juges comme l'ont fait les deux Montchar-mont, et d'aller devant la cour de Dijon, qui a rejeté la récusation. Il est trop effacé, et les présomptions groupées contre lui résultent d'un témoignage unique trop faible pour que les juges le retiennent dans ce pro-cès.

AUDIENCE DU 28 MARS 1877

Réplique de M. Pinard

J'ai à répondre à trois adversaires.

Le troisième a plaidé son procès, tout son procès, rien que son procès.

Le second a plaidé le sien avec les argu-ments présentés le 12 mai, arguments qui furent impuissants devant le tribunal cor-rectionnel, et en y ajoutant deux choses, une amende honorable de son client et des attaques à l'Empire.

L'amende honorable de son client, je l'ac-cepte : tout en niant les propos, il reconnaît qu'ils sont odieux, qu'ils offensent un hom-me honorable, et que j'ai le droit de deman-der réparation.

Les attaques à l'Empire, je les relève et j'y réponds en même temps qu'à celles du pre-mier adversaire.

Ce premier adversaire est Me Le Blond, qui

semble s'être réservé aujourd'hui ce terrain politique.

Me Le Blond, en effet, a peu plaidé le procès; après une discussion des témoignages et du premier jugement, discussion qui était dans l'affaire, il a promptement passé à l'attaque, à l'attaque personnelle et à l'attaque à l'Empire. Mon devoir est de répondre à tout.

Cette différence d'attitude chez les trois avocats indique la situation différente aussi que prennent leurs trois clients. Marconnet regrette d'être dans l'affaire, où il n'est d'ailleurs engagé qu'à moitié. Montcharmont-Duvernois a été sur la même ligne que son cousin, il l'a suivi jusqu'à Dijon, jusqu'à l'arrêt qui rejette leur récusation commune; il ne l'a point suivi jusqu'en cour de cassation; il voudrait revenir en arrière et fait aujourd'hui un acte de réparation. Montcharmont-Nectoux, lui, est persévérant : il épuisera tous les degrés de juridiction, il tient à donner à sa défense la couleur politique, les allures agressives qui lui serviront de piédestal plus tard.

Ces trois situations variées indiquent la mesure des responsabilités et peuvent servir aussi de mesure et de jalon à votre jugement.

J'aborde Marconnet. Il ne peut échapper à la réparation, si le témoin Pauchard a dit vrai. Pauchard, en effet, est aussi catégorique que possible; Marconnet a dit devant lui que M. Pinard avait fait de la prison, qu'il était insolvable, que les Prussiens étaient venus, amenés par lui, qu'il les ferait revenir, qu'on ne mettait pas en place un homme comme cela.

Oui, me répond le défenseur de Marconnet.

Mais cette déclaration de Pauchard, recueillie
par le juge d'instruction, a-t-elle la même
valeur qu'une déclaration reçue dans une
enquête civile contradictoire, et n'est-il pas
permis de croire que le juge instructeur,
préoccupé de constater le délit informe in-
volontairement à charge? Non, mille fois
non, le juge n'instruit ni à charge, ni à dé-
charge, il instruit pour la vérité ! C'est l'honneur séculaire de la justice, et elle en donne
trop de preuves quotidiennes pour être dé-
fendue d'un soupçon. Cette raison me suffit,
mais si le défenseur en veut deux autres qui
seront péremptoires à ses yeux, qu'il relise
le compte rendu de l'audience et l'ordonnance de non-lieu pour Marconnet. Le
compte rendu de l'audience du 11 mai, publié par les Montcharmont, nous montre
Pauchard confirmant ce qu'il a dit devant le
juge instructeur, quand le président le lui
rappelle. L'ordonnance de non-lieu, rendue
en faveur de Marconnet, témoigne à elle
seule de cette parfaite impartialité du juge
qui l'interrogeait.

Le défenseur alors invoque l'ordonnance
de non-lieu qui a renvoyé son client. Soit !
Marconnet n'a pas commis le délit imputé
aux Montcharmont, délit qui exigeait le détournement matériel des voix ou l'abstention du vote, détournement ou abstention
produits par les manœuvres, mais, s'il n'a
pas causé, comme les Montcharmont, un
préjudice électoral, il s'est associé au préjudice moral causé par ceux-ci, en répandant
les mêmes bruits calomnieux. L'ordonnance
de non-lieu, en écartant pour lui le délit,
laisse entière sa responsabilité civile, responsabilité qui découle de ses propos.

Marconnat doit donc rester aux débats et réparer lui aussi le préjudice causé. Mais je n'oublie point qu'il est au troisième plan, que son rôle a été modeste, que son attitude ici l'est aussi, et je demande au tribunal, en divisant les dommages, de lui imposer la part moindre.

Vis-à-vis des deux Montcharmont, je rétablis la preuve qu'on essaie d'ébranler. Les bruits calomnieux ne sont pas niés. On a bien dit que j'avais tenu pour les Prussiens, que je leur avais préparé un banquet, que je les avais amenés, qu'il y avait eu presque rendez-vous donné. Seulement, je ne prouve pas, dit-on, que les deux Montcharmont aient tenu ce propos odieux. Eh bien, cette preuve qu'on me demande, la voici : l'imputation à telle personne désignée, je vais la faire.

Pour Montcharmont-Duvernois, l'imputation résulte de la déposition de la femme Maréchal, qui l'entend propager la calomnie et le voit en même temps agiter et montrer les papiers, preuves de la trahison. Or, que reproche-t-on à la femme Maréchal ? D'avoir été, elle, femme de l'instituteur, sur le théâtre de la lutte électorale ? Elle est logée à la maison commune, près de la salle du scrutin ; elle ne pouvait être ailleurs. D'avoir envoyé son enfant prévenir Mme de Lagoutte ? Non ; c'est M. Teyras qui a demandé l'enfant pour le conduire chez cette dame, dont il ignorait la demeure. D'avoir été renvoyée de la commune ? Non ; son mari et elle devaient désirer la quitter, et ils ont obtenu un poste au moins équivalent.

Enfin cette déclaration de la femme Maréchal est confirmée par M. Teyras, témoin placé, par sa position, au-dessus de l'ombre d'un soupçon. Il a vu Montcharmont-Duvernois au moment que signale la femme Maréchal, il l'a vu agiter une proclamation et l'a entendu proférer des accusations analogues.

La preuve une fois faite vis-à-vis de Montcharmont-Duvernois, il est facile d'établir que son co-auteur est bien Montcharmont-Nectoux. Il est là à côté de Duvernois, quand ce dernier agite ses papiers, parle de son dossier et profère les odieux propos.

Il aborde les électeurs, les fouille, demande leurs bulletins, leur impose les siens, les accompagne au scrutin, confisque leur liberté : toutes choses qu'on ne se permet que parce que la grosse accusation d'avoir amené les Prussiens est là, qu'on l'a fait répandre, qu'on s'associe à sa propagation, Montcharmont-Nectoux est, de l'aveu de tous, l'homme important de la commune ; il a été maire de 1870 à 1873, il l'est aujourd'hui. Il avait été délégué pour l'élection des sénateurs et revenait de Mâcon, fier de la victoire. Candidat au conseil général en 1874, il a toutes les aspirations pour l'avenir, il est peut-être un député futur. Et vous voulez que Duvernois, son parent, son allié, son très docile auxiliaire pour le présent comme pour l'avenir, ait, devant lui, répandu les bruits qui permettaient ses manœuvres et les rendaient efficaces, sans l'assentiment, sans l'inspiration du chef ?

Cela n'est pas possible, et le jugement du 11 mai 1876, passé aujourd'hui en force de chose jugée, a eu raison de dire :

« Attendu que cette accusation odieuse

« rentre pleinement dans la définition des
« moyens qualifiés, et punis, par l'article 40
« du décret du 2 février 1852, comme fausses
« nouvelles, bruits calomnieux, et autres
« manœuvres frauduleuses.

« Attendu qu'il est également établi que
« Montcharmont-Nectoux, en présence de qui
« ces propos étaient tenus, et qui, pendant
« toute la durée du scrutin, a agi de concert
« avec Montcharmont-Duvernois pour influen-
« cer les électeurs, a participé à ces manœu-
« vres, et s'en est rendu complice, en s'asso-
« ciant à leurs résultats, qui constituent le
« second élément de la prévention. »

La preuve une fois faite vis-à-vis des trois,
la seule question que vous deviez discuter
est celle du préjudice. Or, mes adversaires se
bornent à nier le préjudice électoral, et pas-
sent sous silence le préjudice moral fait à
l'homme privé. Qu'on atténue le préjudice
électoral fait au candidat, je l'admets ; je
conviens même qu'il est difficile à détermi-
ner, quand ces bruits sont propagés ailleurs,
par d'autres que les trois défendeurs, et
quand les votes sont secrets comme les cau-
ses qui les déterminent.

Mais, pour tout homme de bonne foi, ces
calomnies survivent à la bataille : Elles atteignent le présent et l'avenir d'un homme,
puisqu'elles le frappent dans son honneur :
elles ont leur péril pour aujourd'hui et pour
demain, leur péril pour toute lutte électorale future, leur péril pour une époque de
crise, de fièvre révolutionnaire. Et, sur ce
point capital, nul de mes adversaires n'a répondu.

Pas de réponse non plus de leur part sur

ce compte-rendu qui a aggravé le préjudice, en infirmant moralement la première sentence et qui permet de l'aggraver tous les jours par des citations incomplètes, des interprétations erronées, différentes alors des commentaires et des explications qu'on donnait tout à l'heure pour échapper à la réparation.

Ainsi mon argumentation reste entière sur le vrai terrain du procès, sur le terrain judiciaire, et entière vis-à-vis des trois.

J'aborde maintenant ce qui est autour du procès, l'attaque personnelle et l'attaque politique.

L'attaque personnelle dirigée par M° Le Blond se réduit à deux points :

J'ai cédé, en faisant le procès à son client, à un sentiment de rancune, et j'ai fait une brochure où ce même sentiment se montre vis-à-vis de ceux qui, en 1871, sont accourus, dit-il, à notre défense.

Un sentiment de rancune, vis-à-vis de Montcharmont-Nectoux, et M. Le Blond cite deux lettres, l'une de moi, l'autre d'un ami de Moncharmont.

La première lettre prouve précisément ce que j'avançais, le double rôle qu'a joué Montcharmont m'assurant presque sa neutralité et me combattant ensuite odieusement.

La seconde, dont on n'a pas nommé le signataire et qu'on destinait à un effet d'audience, car, au moment de sa lecture, Montcharmont s'est retourné vers l'auditoire comme pour lui dire : « Faites attention, voilà le grand coup »; la seconde lettre, dis-je, émane d'un fonctionnaire actuel, intelligent, distingué qui engageait Montcharmont à voter pour moi.

Pourquoi M⁰ Le Blond l'a-t-il lue si bas? Pourquoi laissait-il croire ainsi qu'elle émanait de moi? Etait-ce à cause de ce paragraphe où le jeune fonctionnaire parle à Montcharmont d'une jeune fille qu'il pourrait épouser?

Etait-ce pour qu'on pût soupçonner l'empire corrupteur de séduire Montcharmont, de faire apparaître à ses yeux la jeune fille à marier?

Eh bien! pour ceux qui s'y seraient trompés, je le dis très haut : La lettre n'est pas de moi, elle émane d'un jeune homme qui était à cent lieues d'ici; je la vois aujourd'hui, cette lettre, pour la première fois. Et que Montcharmont se rassure, ni moi, ni l'Empire ne chercherons à le séduire, à le marier; s'il n'y a que nous pour cette tâche, il reste voué à l'éternel veuvage.

Second point, ma brochure n'a ménagé aucun des défenseurs accourus à notre aide; elle est impitoyable, haineuse : est-ce sérieux? Je suis tellement impartial que j'y fais l'éloge de Menotti, le fils de Garibaldi, parce qu'il a lutté contre le désordre et voulu faire de la défense au lieu de faire de la politique.

Est-ce sérieux, quand je mets un soin scrupuleux à ne conclure qu'en citant tous les témoins les plus autorisés entendus par les commissions d'enquête de l'Assemblée nationale?

M⁰ Le Blond n'a attaqué la brochure que pour arriver par elle à la politique, et comme

la transition est pénible ! Vous vous plai-
gnez de tous, dit-il : de l'armée garibaldien-
ne, des mobiles ; mais ces mobiles, ces re-
crues de l'armée française, s'ils n'ont pas
rendu tous les services possibles, la faute en
revient à l'Empire imprévoyant, qui, avant
la guerre, a négligé de les lever, de les exercer, de les organiser. Puis la transition une
fois trouvée, est venue la série bien connue
des outrages : la guerre par intérêt dynastique, les désastres provoqués par notre inep-
tie, l'Empire commençant par le parjure et
finissant dans la boue ! Messieurs, dès le dé-
but de ce procès, je disais que j'entendais le
placer exclusivement sur son vrai terrain,
sur le terrain judiciaire, et j'ai tenu parole.
Mais j'ajoutais que si on voulait le faire des-
cendre dans la sphère politique, et attaquer
en moi, non plus moi, mais l'Empire, je saurais répondre. Je n'ai jamais reculé devant
un adversaire, je n'ai jamais laissé flétrir
ceux que que je m'honore d'avoir servis. Dès
lors, je ne puis laisser sans réfutation se dire
ici des choses qui atteignent injustement,
très injustement, leur honneur et leur mémoire.

Seulement, il est bien constaté que je ne
fais que répondre à l'agression ; que ce débat
je ne l'ai pas provoqué, mais que je l'accepte,
pièces en main, fier de répondre, sûr de convaincre ceux qui ne veulent que la vérité.

La mobile non préparée, l'armée insuffi-
sante ! Ah ! quelle facile réplique me donne
Mᵉ Le Blond ! Qu'il écoute cette discussion de
la loi militaire en 1868, portée aux Chambres
sous le ministère de Niel, quand j'avais l'honneur d'être son collègue ; quand ce minis-

tère, le plus pacifique et le plus prévoyant
des ministères, faisait tout pour préparer de
longue main la défense du pays, et qu'on lui
refusait ou qu'on lui réduisait tous les cré-
dits ! Ah ! j'ai vu le maréchal Niel, découra-
gé, jeter son portefeuille de ministre sur la
table du conseil ; j'ai vu ses colères et ses larmes ! J'ai vu les efforts de l'Empereur, les
efforts de tous pour le ramener à ce combat
de la Chambre où, devant une opposition
houleuse et des centres ébranlés, il n'obte-
nait que des défaites ; j'ai vu tout cela et je
n'ai rien oublié. Que M⁰ Le Blond interroge
ses amis, députés alors; qu'il relise leurs lut-
tes avec le maréchal ! Je vais lui faciliter
cette tâche, et il verra si son reproche de
tout à l'heure, si son injuste reproche tomb
sur l'Empire ou sur les ennemis de l'Empire.

Le maréchal Niel :

« Messieurs, on vous parle de *levées en
masse !* La vraie levée en masse sérieuse,
pratique, c'est le *système prussien*. Quant à la
levée d'hommes, sans éducation militaire,
c'est *un monstrueux préjugé !* — Appeler de
gros contingents en cas de guerre est *une autre illusion !* — Avec la rapidité qu'ont acquise
aujourd'hui les opérations militaires, avant
que les gros contingents fussent prêts à en-
trer en campagne, *la guerre serait déjà finie.*—
Vous dites que pour combattre les masses
(organisées) de l'ennemi, *les volontaires afflue-
raient ?...* « Hélas ! ce *sont des tableaux poéti-
ques...* Moi, je demande... *du positif.* » — J'attache une grande importance à ce que la
garde mobile soit exercée au tir à la cible ou

au tir à canon. *Mais il se présente une grande difficulté.* La commission ne veut pas admettre *un déplacement de plus de douze heures.* Mais où trouver les emplacements nécessaires? C'est en vue de ces difficultés que la faculté de réunir la garde mobile pendant huit jours avait été demandée par le gouvernement. Ces raisons, je les ai exposées à la commission, MAIS JE N'AI PU LA CONVAINCRE. »

M. Garnier-Pagès s'écrie :

« A quoi cela vous servira-t-il? Qu'est-ce que la force matérielle? *Ah! si vous vouliez au contraire employer la force morale! Quelle puissance vous'auriez, si vous vouliez avoir confiance dans le peuple et dans la liberté!* Le budget de la guerre vous mène à la banqueroute. *C'est la plaie, c'est le chancre qui nous dévore!...* Oui, messieurs, et si je pouvais trouver un mot plus fort, je l'emploierais, parce que je veux frapper les esprits. »

M. Jules Favre s'élance à la tribune :

« Qu'est-ce que je lis dans les documents officiels? Qu'il faut que la France soit armée comme ses voisins! J'avoue, messieurs, que ma conscience se révolte contre de pareilles propositions! »

Le maréchal Niel :

« Messieurs, je viens combattre l'amendement de la commission ; je ne dois pas vous dissimuler que je n'ai pas grand espoir de réussir. *Je ne pourrai pas soutenir longtemps le*

rôle qui consisterait à venir vous dire à chaque
instant : Ce que vous faites pour l'armée est insuffisant. COMMENT POUVEZ-VOUS VOULOIR QUE
L'ON ME REFUSE A CHAQUE INSTANT LES CHOSES
QUE JE REGARDE COMME NÉCESSAIRES? »

M. Jules Favre :

« Messieurs, les *hommes spéciaux* sont de
» mauvais juges, car ils sacrifient tout à un
» point de vue spécial, et ils *oublient trop par*
» *quelle force supérieure la France serait dé-*
» *fendue si jamais elle était au moment du dan-*
» *ger....* »

M. Pelletan :

« Messieurs, je comprendrais les pompiers
» *armés pour le cas d'une invasion*. Mais *une*
» *invasion est-elle possible?* On s'indignerait, si
» je formulais une prévision semblable, et
» *on aurait raison.... »*

Je pourrais multiplier ces citations ; mais
je m'arrête par un sentiment de convenance
et de discrétion que vous apprécierez.

La guerre par intérêt dynastique. Eh !
pourquoi? grand Dieu! Est-ce que nous
avions besoin d'elle pour rester en 1870 et
pour rester contre vous? Mais j'en appelle
encore au souvenir de Me Le Blond. Est-ce
qu'il n'est pas à la fois patriotique et vrai de
dire avec tous les documents du temps, que
la Prusse, elle, la voulait la guerre, et la voulait à tout prix, et à la date la plus prochaine?
Lisez la *Gazette d'Augsbourg* d'août 1873,

convenant que quelques mois avant les hostilités on frappait l'agent diplomatique à Washington, qui avait eu l'indiscrétion de révéler le plan prussien, et qu'on lui écrivait ces lignes significatives :

« Vous êtes d'autant plus inexcusable que, si la guerre éclate, nous avons tout intérêt à mettre de notre côté l'opinion publique et à faire croire que c'est la France qui l'a provoquée. »

Lisez les lettres du général Ducrot.

J'y souligne ces citations significatives :

M. le général Blumenthal à un lord anglais : « Ne prenez pas la peine de venir si loin, nous donnerons bientôt une revue de nos troupes au Champ de Mars. »

Le ministre de la maison du roi Guillaume à Mme de Pourtalès : « Avant dix-huit mois, votre Alsace sera à la Prusse. »

M. de Moltke : « Quand nous pourrons disposer de l'Alsace, et cela ne pourrait tarder, en la réunissant au grand-duché de Bade, nous formerons une superbe province. »

Et le général Ducrot écrit :

« Pendant que nous délibérons pompeusement et longuement sur ce qu'il faudrait faire pour avoir une armée, la Prusse se prépare tout simplement, mais très activement envahir notre territoire. »

Puis quand la candidature d'un Hohenzollern au trône d'Espagne s'est posée pour la seconde fois, qui donc en France poussait

à la guerre ? Est-ce qu'une fièvre ne s'emparait pas de tous, et tous n'accusaient-ils pas
le souverain d'enrayer le mouvement?

Thiers disait : « L'Empereur est opposé à
la guerre, je le sais, nous ne l'aurons pas. »

Et pendant que Thiers constatait ces résistances du souverain, lisez le *Temps*, le
Siècle, le *Rappel*, le *Soir*, la *Presse*, etc.

Lisez Girardin dans la *Liberté* :

« Finissons-en ! La Prusse ne cédera que
devant la peur. — Prenons un parti énergique, le seul qui convienne à la France, et si
la Prusse refuse de se battre, nous la contraindrons à coups de crosses de repasser le
Rhin et de vider la rive gauche. »

(*La Liberté*, juillet 1870.— E. de Girardin.)

Lisez le sage *Univers* lui-même :

« La guerre où nous entrons n'est, pour la
France, ni l'œuvre d'un parti, ni une aventure imposée par le souverain : la nation s'y
donne de plein cœur. »

(*L'Univers*, 15 juillet 1870.)

Lisez le journal d'About. About n'injurie
pas encore, on n'est pas tombé. Mais on sent
la pointe du stylet qui se prépare.
« Ce n'est pas l'Empereur Napoléon III
qui de son chef a déclaré la guerre actuelle :
c'est nous qui lui avons forcé la main. »

(Le *Soir*, journal d'About, 19 juillet 1870.)]

Les désastres n'ont été que trop sanglants

et trop douloureux. Mais, au lieu de discuter
la stratégie, nos adversaires devraient songer à la lourde responsabilité de ceux qui
favorisaient la Prusse par la sédition. Sur
un espion prussien qu'on arrête, on saisit
cette dépêche:

« Courage! Paris se soulève; l'armée française sera prise entre deux feux! »

Et, en effet, la révolte intérieure est partout fomentée comme s'il fallait des auxi-
liaires à l'ennemi du dehors. A Paris éclate
la tentative insurrectionnelle de la Villette
(voir le *Journal officiel* du 14 août); à Lyon, on
adjure les patriotes de résister à l'appel de
la garde mobile (voir le *Salut public*) et du 11
août au 4 Septembre, le tribunal de police
correctionnelle de la Seine condamne sans
cesse ces honteux cris séditieux de : « Vive
la Prusse! A bas le gouvernement! » (Voir les
jugements de la 7e chambre).

L'Empire, me dit-on, débute par le parjure
et un coup de force. L'histoire dit déjà ce
que fut ce coup d'Etat. Une Constitution,
celle de 1848, se déclarait révisable, et exigeait, pour la révision, les trois quarts des
voix. Tous les conseils municipaux demandaient la révision; tous les conseils généraux,
sauf deux, la demandaient aussi.

L'Assemblée législative avait été pour la
révision, à 140 voix de majorité. Mais cette
majorité n'atteignait pas la majorité légale
des trois quarts. Pour sortir de l'impasse où
le pays ne voulait pas rester, il y avait le
coup d'Etat de l'Assemblée déjà en projet et
le coup d'Etat du Président. Le second pré-
céda le premier, et le pays, qui avait peur
de vous, l'acclama et le ratifia. Voilà ce qu'a

dit l'histoire et ce qu'elle dira de plus en plus quand on voudra l'interroger.

L'Empire, ajoute-t-on, est tombé dans la honte! Est-ce que le jour ne se fait pas sur cette fatale journée de Sedan ? Oui, l'Empereur, jusqu'au soir, s'est offert à la mort, qui n'a pas voulu de lui, mais lui n'a pas voulu le suicide, ce refuge facile des orgueilleux et des égoïstes. Il n'avait plus le commandement ; il pouvait attendre ; il préféra faire hisser le drapeau parlementaire, ouvrir la voie à la capitulation, faire un dernier acte d'abnégation et sauver la vie de 80,000 hommes qui eussent été inutilement sacrifiés. Ah ! si ces 80,000 hommes qu'il rendait au pays eussent succombé utilement, couchés dans la gloire : soit ; mais ils tombaient couchés dans la défaite ! Pour éviter cette hécatombe inutile, l'Empereur jeta dans le gouffre son épée, son nom, l'avenir des siens, sachant combien l'acte soulèverait d'attaques, mais se croyant le devoir de ne pas sacrifier ses soldats à ce qu'on pouvait appeler son orgueil ou son honneur.

Aussi, le maréchal Mac-Mahon a dit : « Sedan a été un grand malheur, mais non un déshonneur. »

Aussi, un officier supérieur, blessé à Sedan, hostile à l'Empereur, a écrit sous le coup des évènements cette lettre publiée dans les journaux :

« Je n'aime guère l'Empereur, mais j'aime
» encore moins la calomnie...., comme hom-
» me, il s'est bien montré, et, s'il n'a pas été
» tué, ce n'est pas l'envie qui lui en a man-

» qué; la sottise a été de se faire pincer près
» de Sedan. Une fois là, la terrible capitula-
» tion était inévitable. On était serré comme
» des harengs, une épingle ne serait pas
» tombée à terre, et les obus et les boulets
» tombaient là dedans comme la grêle; jugez
» de l'horreur; résister était impossible, le
» simple bon sens était là capitulation; on
» *crie après maintenant; mais alors tout le monde*
» *le voulait, et ceux qui n'ont pas voulu la signer*
» étaient ravis d'en profiter...... Vous savez
» mes opinions, mais on ne sert pas une
» bonne cause en mentant... Sedan est une
» faute, un grand malheur, une honte, jamais!
» Dites-le partout et à tous. »

Et maintenant que j'ai répondu à tout, je
rentre dans ce procès que mes adversaires
n'ont déserté les premiers que parce qu'ils
le sentaient perdu. J'y rentre, confiant dans
mon droit, sachant bien que l'homme public
livre aux discussions de l'opinion, aux attaques des partis sa vie publique toute entière. Mais plus il livre ses actes, sa carrière,
l'homme extérieur tout entier, plus il a le
devoir de garder intact, à l'abri de toute
morsure, son honneur privé, l'honneur de
tous les siens.

M^e Le Blond.

M^e Le Blond, dans une courte réplique, répond à M. Pinard. Il s'étonne que le débat
politique ait été abordé dans ce procès,
et il voit dans la vivacité avec laquelle le
demandeur a discuté certains points la preuve
que l'action a été intentée dans l'intérêt d'un

parti. Sur ces mêmes points, M° Le Blond maintient ses appréciations de la veille.

M. le président fait observer que le débat doit rester sur le terrain judiciaire. Hier, dit-il, M° Le Blond, en défendant son client, a attaqué l'Empire. Aujourd'hui, M. Pinard a répondu à ces attaques en se plaçant à un point de vue absolument opposé. Le procès n'est pas dans ces appréciations politiques contradictoires; il est dans l'existence ou la non-existence de la calomnie.

M° Le Blond reproduit une partie des arguments de sa première plaidoirie.

Le débat est clos et la parole est donnée au ministère public.

Ministère public.

M. Metman, procureur de la république, circonscrit l'affaire sur son terrain exclusivement judiciaire. Nous devons, dit-il, rester étrangers à toutes les émotions, à toutes les passions de la politique, et cette tâche ici devient d'autant plus facile que la solution s'impose, en dehors de toutes les appréciations contraires faites par chacun des orateurs sur les événements contemporains. Elle s'impose, préparée qu'elle est par le jugement antérieur du 12 mai 1876.

Ce jugement rendu au correctionnel, à la requête du ministère public, sans le concours ni la présence de la partie civile, a réprimé une atteinte portée à la liberté du suffrage universel par les deux Montcharmont : Ce jugement a puni un délit électoral. Il n'a pas été frappé d'appel : il est aujourd'hui passé en force de chose jugée.

Aux termes de ce jugement, dont l'honorable organe du ministère public lit les dispositions essentielles, les deux Montcharmont sont des calomniateurs. Ils ont accepté ce jugement, et, dans leur position de fortune, ce n'est point la crainte des frais qui les eût empêchés de le déférer à la cour, si les manœuvres résultant des bruits calomnieux, des fausses nouvelles n'eussent point existé à leur charge. Ils se sont soumis et ils ont eu raison, car ce jugement n'est pas seulement la chose jugée, il était déjà la vérité, la justice au moment où il fut rendu. Les témoignages recueillis dans l'instruction sont, sur ce point, une preuve péremptoire, et le tribunal correctionnel a dû accepter cette preuve.

Le fait de calomnie, de fausse nouvelle une fois reconnu d'une manière incontestable, le ministère public examine s'il y a eu préjudice. A ses yeux, le préjudice est certain. Il résulte de l'existence et de la nature du délit qui a été constaté, et qui est aujourd'hui la chose jugée.

En pareille matière, au milieu de la fièvre électorale, la crédulité accepte tout, même l'impossible. Les bruits les plus invraisemblables ont créance chez une population affolée, lorsqu'il s'agit de lui expliquer pourquoi on a été battu, envahi. Le passé le plus honorable est quelquefois impuissant à protéger contre des imputations de cette nature, habilement semées et propagées, pendant les jours qui précèdent le jour du scrutin.

Or, c'est précisément à cette heure, lorsque le candidat se présente aux suffrages de ses concitoyens, lorsqu'il a plus besoin que jamais de toute son honorabilité, qu'on a répandu ces calomnies, en exploitant ce fait de l'arrestation du 5 janvier 1871 qui fut arbitraire et injustifiable. Comment dès lors n'y aurait-il pas eu préjudice pour l'homme privé et pour le candidat?

Examinant ensuite la situation respective de chacun des trois défendeurs, le procureur de la république fait à Marconnet et aux deux Montcharmont une part très différente.

Marconnet n'a parlé qu'à Pauchard sans qu'il y ait publicité, et, si graves que soient ces propos, il pouvait ne les répéter que comme un écho. Aussi, Marconnet a été renvoyé, après l'instruction correctionnelle, par une ordonnance de non-lieu. Vis-à-vis de lui, le délit n'a pas été prouvé. Sans doute les juges, statuant aujourd'hui au civil, peuvent le retenir pour le quasi délit qui a causé préjudice, mais sa situation est bien effacée. Le ministère public s'en rapporte à cet égard à la sagesse du tribunal; mais, si le tribunal l'atteint, il ne prononcera pas vis-à-vis de lui la solidarité.

Les deux Montcharmont, au contraire, ne sont pas des instruments passifs : ce sont des meneurs, des hommes intelligents, ayant de l'éducation, de la fortune, la connaissance du milieu dans lequel ils vivent, sachant parfaitement que cette accusation grossière de trahison était une fable absurde, mais sachant aussi qu'elle ferait son effet et aurait des résultats. Leur mauvaise foi, en propageant de pareils bruits ou en s'y associant, n'est pas douteuse.

Quelle doit être la réparation? Les juges auront à tenir compte de l'honorabilité du demandeur, qui a dû être d'autant plus blessé que lui et les siens ont un passé sans tache, de la situation des défendeurs, dont deux ont une fortune relative, mais bien assise.

Dans tous les procès de ce genre, les espèces varient, et il n'y a pas de règle fixe pour l'étendue de la publicité à donner à votre jugement; pas de règle fixe surtout pour l'évaluation des dommages-intérêts.

Le ministère public n'indique pas de chiffre. Mais il dit que ce chiffre doit être sérieux, relativement élevé, afin de bien montrer à tous ce qu'a de grave la calomnie.

Les exemples de certaines décisions de jurisprudence citées par le demandeur peuvent être rappelés utilement.

L'honorable organe de la loi termine en disant que la cause du demandeur est juste, qu'il y a eu courage à l'introduire, et que, si tous les hommes d'ordre ne se laissaient jamais flétrir sans demander réparation, le public s'acclimaterait davantage et plus vite à la pratique du suffrage universel et aux vraies mœurs de la liberté.

AUDIENCE DU 4 AVRIL 1877

Conformément aux conclusions du ministère public, le tribunal a rendu, le jugement suivant :

En ce qui concerne Montcharmont-Nectoux et Montcharmont-Duvernois,

"Attendu que, par ordonnance du juge d'instruction du 30 avril 1876, ils ont été renvoyés sous la prévention « d'avoir, le 20 février 1876, à la Grande-Verrière, à l'aide de fausses nouvelles, bruits calomnieux ou autres manœuvres frauduleuses, surpris ou détourné des suffrages, déterminé un ou plusieurs électeurs à s'abstenir » ;

Que, par jugement de ce siége du 12 mai suivant, ils ont été déclarés coupables du délit qui leur était imputé et condamnés à une peine correctionnelle ;

Que ce jugement, précisant les manœuvres constitutives du délit, constate « que les bruits les plus calomnieux ont été répandus sur Pinard », l'un des candidats à la députation ; que l'on disait, entre autres choses, « qu'il avait fait venir les Prussiens à Autun ; que, si l'on votait pour lui, il les ferait revenir ; qu'il avait fait de la prison ; qu'il était insolvable ; qu'on ne mettait pas en place de pareilles gens » ;

Attendu que ces propos, ainsi que le jugement prend soin de le faire ressortir, renfermaient tout autre chose qu'une appréciation parfaitement licite de la responsabilité du gouvernement impérial dans la guerre avec la Prusse, et des conséquences de la politique suivie par un ancien membre du gouvernement; qu'ils contenaient une accusation formelle de connivence avec l'ennemi; que Montcharmont-Duvernois, notamment, s'exprimait de manière à ne laisser place à aucune équivoque, lorsque le jour de l'élection il s'écriait sur la place publique que « Pinard avait fait venir les Prussiens à Autun, qu'il avait fait de la prison pour cela », et, pour donner plus de poids à ces allégations, agitait des papiers, en disant : « Nous avons les preuves en main. »

Attendu que le jugement constate, en outre, que, pendant toute la durée des opérations électorales, Montcharmont-Nectoux et Montcharmont-Duvernois ont stationné devant la mairie, allant au-devant des électeurs, presque tous illettrés, les accaparant, soumettant leurs bulletins de vote à une vérification préalable, leur en mettant d'autres entre les mains, les accompagnant jusqu'au scrutin, et ne mettant fin à cette obsession qu'après s'être assurés que ces bulletins avaient été exactement déposés dans l'urne;

Attendu que le tribunal correctionnel a considéré cet ensemble de manœuvres comme l'exécution d'un système combiné et arrêté d'avance, système qui commençait à la propagation de fausses nouvelles et des calomnies, et s'achevait par la substitution des bulletins de vote et l'accaparement des électeurs;

Que, déterminant la part de chaque prévenu dans le délit ainsi défini, il a déclaré que Montcharmont-Nectoux, bien qu'il ne fût pas établi qu'il ait tenu personnellement les propos ci-dessus rappelés, s'était cependant associé à leur propagation en assistant Montcharmont-Duvernois son cousin, au moment où il les proférait sur la place publique, en agissant de concert avec lui pendant toute la durée des opérations électorales et enfin en participant aux actes qui formaient le complément des manœuvres et en assuraient l'efficacité, c'est-à-dire au contrôle plus ou moins imposé des bulletins de vote et à la pression exercée sur les électeurs;

Attendu que ce jugement, n'ayant point été frappé d'appel a acquis par l'adhésion même des prévenus, l'autorité de la chose jugée, qu'on ne peut plus désormais remettre en question les points sur lesquels il a statué ;

Qu'en vain objecte-t-on que c'est dans les motifs seuls de ce jugement que sont spéci-

fiés les propos calomnieux dont les défendeurs se seraient rendus coupables, mais
que le dispositif se borne à déclarer l'existence du délit de fraude électorale, sans s'expliquer sur les manœuvres à l'aide desquel-
les il a été commis, et que c'est le dispositif
seul qui constitue la chose jugée ;

Attendu que, pour apprécier l'effet d'une
décision rendue au criminel, il faut s'atta-
cher, non point à telle ou telle partie de son
contexte, mais aux faits qu'elle a déclarés
constants et aux qualifications pénales qu'elle
leur a données ; que les motifs qui contien-
nent ces constatations de fait ou se réfèrent
à ces qualifications forment une partie es-
sentielle de la décision et ont la même autorité que le dispositif ;

Qu'ainsi le jugement correctionnel du 12
mai établit d'une manière inattaquable et le
délit de fraude électorale, et les manœuvres,
fausses nouvelles, bruits calomnieux qui en
forment le corps;

Que l'action civile n'a donc besoin d'aucune autre preuve des faits sur lesquels elle
s'appuie;

Qu'elle en trouverait d'ailleurs, n'y eût-il
pas chose jugée, une justification complète
dans les résultats de la procédure crimi-

nelle et notamment dans la déposition des
témoins : de Montmorillon, Teyras, Chifflot,
Galdini et la femme Maréchal;

Attendu que, si, au point de vue de l'atteinte à la liberté des suffrages, le délit dont
s'agit n'a eu qu'une importance restreinte et
n'a pas donné lieu à une peine sévère, il
prend, à l'égard de la partie civile une importance exceptionnelle à raison des moyens
employés pour le commettre ;

Qu'il est impossible, en effet, d'imaginer
une accusation plus odieuse que celle d'a-
voir trahi sa patrie et appelé l'ennemi dans
sa ville natale; qu'une telle imputation, toute
mensongère et tout absurde qu'elle soit, n'en
est pas moins de nature, par son énormité
même, à frapper les imaginations, qu'elle a
dû être accueillie d'autant plus aisément
que ceux de qui elle émanait jouissent, en
raison de leur situation sociale et de leurs
fonctions, d'un plus grand crédit;

Qu'on a, d'ailleurs, cherché à lui donner une apparence plus plausible par la
forme sous laquelle on l'a présentée, par ces
papiers qu'on montrait comme en contenant
la preuve, *par cette prison que*, disait-on, *Pinard avait faite pour cela*, transformant ainsi
en une peine subie par lui l'arrestation ar-

bitraire dont il a été victime au mois de janvier 1871 ;

Attendu que de pareilles calomnies ont une portée beaucoup plus grande que le détournement de quelques suffrages, qu'elles vont bien au-delà du but électoral, qu'on a en vue, et atteignent principalement l'homme privé dans sa considération, dans son honneur, dans ce qu'il a de plus précieux; qu'elles le désignent au mépris et à la haine de ses concitoyens, et sont capables, à certains moments, de soulever contre lui d'aveugles et redoutables colères.

Que le préjudice causé à Pinard est donc considérable et doit être apprécié avec d'autant plus de sévérité que les défendeurs n'ont pu se méprendre un seul instant sur la fausseté manifeste des imputations dirigées contre leur adversaire, ni sur le caractère de l'arrestation criminelle de 1871, arrestation exploitée, comme on l'a vu, avec une si perfide habileté;

Attendu que Montcharmont-Nectoux et Montcharmont-Duvernois ont été condamnés solidairement à l'amende pour participation à un même délit, qu'ils doivent, aux termes de l'art. 55 du code pénal, être également tenus solidairement des dommages-intérêts de la partie civile et des dépens.

En ce qui concerne Marconnet :

Attendu que le fait qui lui est imputé consiste à s'être fait le propagateur des bruits calomnieux répandus contre le demandeur, en disant à un sieur Pauchard que « Pinard » n'était pas solvable, qu'il avait fait venir » les Prussiens, qu'il avait fait de la prison, » qu'un homme comme ça, on ne le mettait » pas en place, qu'il tenait pour faire venir » les Prussiens ; »

Attendu que ce fait est de nature, aux termes des articles 1341 et 1353 du code civil combinés, à être prouvé par simples présomptions;

Qu'il résulte clairement de la déposition faite par le témoin Pauchard dans le cours de l'instance correctionnelle que les propos dont s'agit ont été réellement tenus ; qu'il n'y a pas lieu, en présence de ce témoignage précis et plusieurs fois réitéré, de recourir à un autre mode de preuve;

Attendu que ces propos sont, par eux-mêmes, préjudiciables à celui qui en est l'objet; que, de plus, ils ont été tenus non point dans le cours d'une conversation que des bruits qui circulaient alors auraient amenés sur ce sujet, mais à l'occasion d'une démarche faite par Marconnet dans un but de propagande électorale, qu'ils ont été présentés, affirmés comme un motif déterminant du choix à faire entre les deux candidats et dans le but manifeste de nuire au demandeur ; qu'ils engagent donc la responsabilité de leur auteur, quoique dans une mesure infiniment plus restreinte que celle des deux autres défendeurs;

Attendu qu'il n'est point établi qu'il y ait eu entre ceux-ci et Marconnet entente préalable et communauté d'action, que les faits qui leur sont respectivement reprochés sont distincts et séparés, quelque similitude qu'il y ait entre eux; qu'il n'y a point lieu dès lors de prononcer la solidarité contre Marconnet ni pour les dommages-intérêts ni pour les dépens ;

Attendu que rien ne s'oppose à l'admission des réserves faites par Montcharmant-Nectoux, relativement au pourvoi en cassation qu'il a formé ;

Attendu que, aux termes de l'art. 130 du code pénal, toute partie qui succombe doit être condamnée aux dépens.

Par ces motifs, en donnant acte à Montcharmant-Nectoux de réserves formulées dans ses conclusions.

Condamne les défendeurs à payer au de-

mandeur à titre de dommages-intérêts savoir: Montcharmont-Nectoux et Montcharmont-Duvernois, solidairement, la somme de
huit mille francs, et Marconnet celle de quatre cents francs, le tout avec intérêts à par-
tir du 11 septembre 1876, jour de la demande
en justice.

Condamne Montcharmont - Nectoux et
Montcharmont-Duvernois, sous la même solidarité, aux dix-neuf vingtièmes des dépens
et Marconnet au vingtième.

Ordonne l'insertion du présent jugement
dans trois journaux du département et trois
journaux de Paris, au choix du demandeur,

Dit que les frais de ces insertions seront
supportés par les défendeurs dans la même
proportion que les dépens.

BUREAUX : 16, RUE DU CROISSANT A PARIS

L'Ordre

APPEL AU PEUPLE (DE PARIS) *LIBRE ÉCHANGE*

JOURNAL POLITIQUE QUOTIDIEN

PRIX D'ABONNEMENT POUR PARIS ET DÉPARTEMENTS

UN AN, 48 FRANCS. — SIX MOIS, 24 FRANCS
TROIS MOIS, 12 FRANCS

Un numéro : Paris, 15 cent. — Départements, 20 cent.

LE DROIT DU PEUPLE

JOURNAL HEBDOMADAIRE

*Paraissant le Samedi à Paris, le Dimanche dans
toute la France*

Politique—Agriculture—Commerce— Industrie— Finance.
Romans.— Théâtres
Tribunaux—Faits Divers — Information universelles

ABONNEMENTS (Payables d'avance)

Paris : 1 an, 6 fr.   Départements : 1 an, 7 fr
6 mois, 3 fr. 50.   6 mois 4 fr

PRIX DU NUMÉRO :
Paris, 10 cent — Départements, 15 cent.

BUREAU DU JOURNAL
16, *rue du Croissant, à Paris*

Rédacteur en chef : Jules AMIGUES

Paris. — Imp. F. DEBONS et Cie, 16, rue du Croissant.

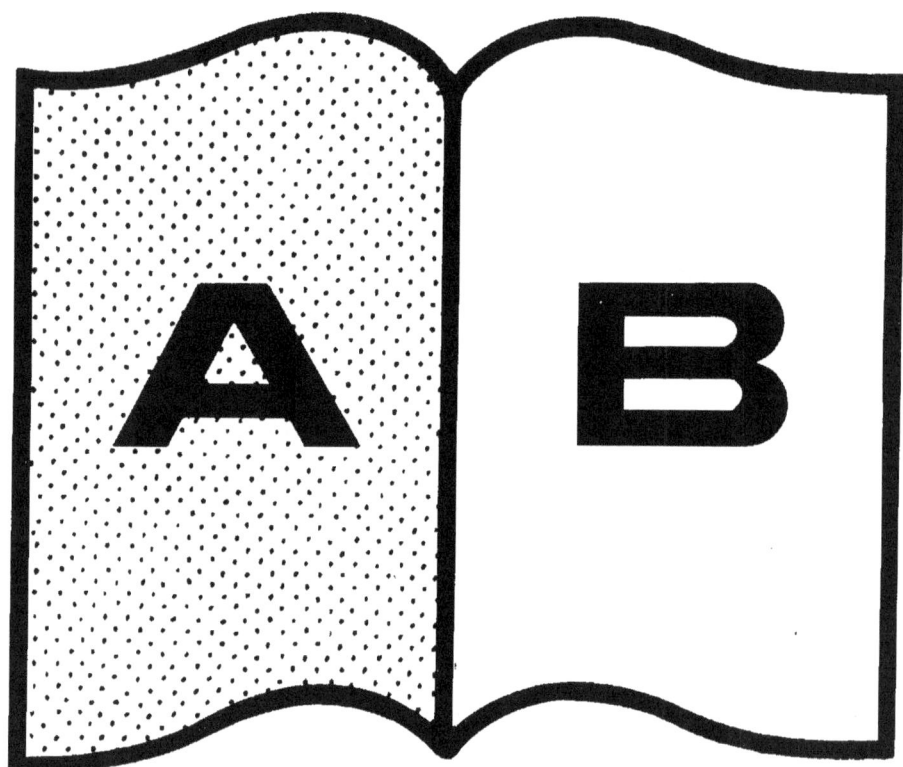

Contraste insuffisant

NF Z 43-120-14

www.ingramcontent.com/pod-product-compliance
Lightning Source LLC
Chambersburg PA
CBHW070856210326
41521CB00010B/1958